④ ミニツールバー・ショートカットメニュー

対象範囲選択時や右クリック時に表示される。マウス搮
実行したい時に便利。選択対象によって使用頻度の高いコマンドが集められている。

▶ ミニツールバー
やショートカットメ
ニューの表示を取り
消すには，[Esc] を
押すか，ポイント先
以外の別の部分をク
リックする。

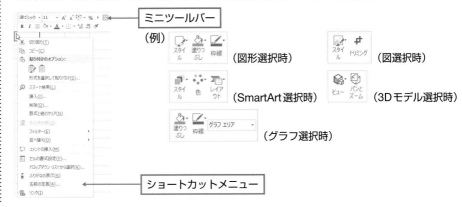

（例）

（図形選択時）　（図選択時）

（SmartArt 選択時）　（3D モデル選択時）

（グラフ選択時）

⑤ 表示モード

Word には 5 種類，Excel には 4 種類の表示モードが用意されていて，作業の内容に合わ
せて切り替えることで効率よい操作ができる。

▶ ［表示］タブの
［表示］グループには，
全ての表示モード切
替ボタンがある。

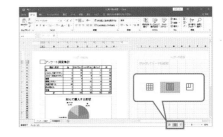

⑥ バックステージビュー

「ファイル」タブをクリックして表示される全体を「バックステージビュー」といい，ファ
イル情報，保存，印刷，エクスポートなど，ファイルにかかわる操作を指定する。特に印
刷では確認・設定・実行など，一連の操作を効率よくまとめて効率よく操作できる。

■印刷

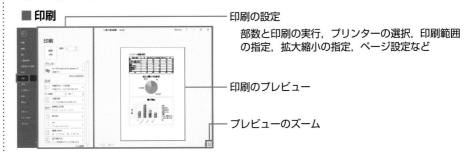

印刷の設定
部数と印刷の実行，プリンターの選択，印刷範囲
の指定，拡大縮小の指定，ページ設定など

印刷のプレビュー

プレビューのズーム

⑦ アクセシビリティチェック

アクセシビリティ
チェック

従来から［校閲］タブにあった，障碍などのため簡単に利用できない可能性等をチェック
する機能が強化された。Word では作業中自動的にチェックし続ける。

30 時間アカデミック

Word & Excel
2019

杉本　くみ子・大澤　栄子　[著]

実教出版

CONTENTS 目次

- 本書で使用するデータはhttps://www.jikkyo.co.jp/download/ からダウンロードできます（「30 時間アカデミック Word&Excel」で検索を行ってください）。
- Windows 10，Office 2019，Word 2019，Excel 2019はMicrosoftCorporationの，その他，本書に掲載された社名および製品名は各社の商標または登録商標です。
- 本書は2020年9月現在の状態のものをもとに作成しております。お使いの環境によっては掲載されている画面図と同じにならないものもあるかもしれませんが，上記のことをご賢察のうえ，あしからずご容赦ください。

凡　例	
Basic	MOS試験の出題範囲として明示されていないが，基礎となる操作。
MOS 1.2.3	MOS試験（Word 365 & 2019）の出題範囲の操作。該当する出題範囲が示されている。
MOS 1.2.3	MOS試験（Excel 365 & 2019）の出題範囲の操作。該当する出題範囲が示されている。
Advance	MOS試験の出題範囲ではないが，覚えておきたい操作。
3	演習の操作で，MOS試験の出題範囲のもの。
3	演習の操作で，MOS試験の出題範囲外のもの。

1 章 ● 章 Word

30H Academic ▷ Word & Excel 2019

1 文字，段落，表

例題 01 **次の文書を作成しよう** （ファイル名：例題 01_ わんぱくキャンプ）

あすなろわんぱく塾では今年も秋季キャンプを開催することになり，担当者であるあなたは，保護者に向けて開催案内を作成することになりました。A4 サイズ 1 ページで構成します。

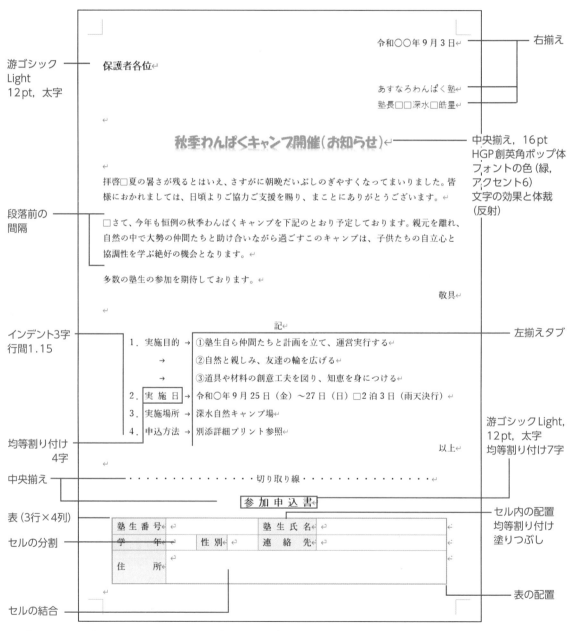

- 游ゴシック Light 12pt，太字
- 右揃え
- 中央揃え，16pt HGP 創英角ポップ体 フォントの色（緑，アクセント6）文字の効果と体裁（反射）
- 段落前の間隔
- インデント3字 行間1.15
- 左揃えタブ
- 游ゴシック Light，12pt，太字 均等割り付け7字
- 均等割り付け 4字
- 中央揃え
- 表（3行×4列）
- セルの分割
- セル内の配置 均等割り付け 塗りつぶし
- 表の配置
- セルの結合

令和〇〇年 9 月 3 日

保護者各位

あすなろわんぱく塾
塾長□□深水□皓星

秋季わんぱくキャンプ開催（お知らせ）

拝啓□夏の暑さが残るとはいえ、さすがに朝晩だいぶしのぎやすくなってまいりました。皆様におかれましては、日頃よりご協力ご支援を賜り、まことにありがとうございます。

□さて、今年も恒例の秋季わんぱくキャンプを下記のとおり予定しております。親元を離れ、自然の中で大勢の仲間たちと助け合いながら過ごすこのキャンプは、子供たちの自立心と協調性を学ぶ絶好の機会となります。

多数の塾生の参加を期待しております。

敬具

記

1．実施目的 →①塾生自ら仲間たちと計画を立て、運営実行する
→②自然と親しみ、友達の輪を広げる
→③道具や材料の創意工夫を図り、知恵を身につける
2．実施日 令和〇年 9 月 25 日（金）～27 日（日）□2 泊 3 日（雨天決行）
3．実施場所 深水自然キャンプ場
4．申込方法 別添詳細プリント参照

以上

・・・・・・・・・・・切り取り線・・・・・・・・・・・・

参加申込書

塾生番号		塾生氏名	
学 年	性別	連絡先	
住 所			

● ダウンロードデータから「例題 01_ わんぱくキャンプ」を開く。（A4・縦向き・余白 / 標準）

《 学習内容 》	ここでは文書作成の基本を学習しよう。
	●文字の書式：☑フォント　☑フォントサイズ　☑フォントのスタイル　☑フォントの色 　　　　　　　☑文字の効果　☑均等割り付け ●段落の書式：☑行内での配置　☑段落前や行の間隔　☑インデント　☑タブ揃え　☑行間 ●表の作成　：☑表の挿入　☑セルや表のサイズ　☑セル内の配置　☑塗りつぶし 　　　　　　　☑罫線の書式

① 文字や段落の書式を設定しよう

▶ 編集記号を表示すると，[Space]は「□」で，[Tab]は「→」で画面に表示される。段落記号（↵）は常に表示される（既定）。

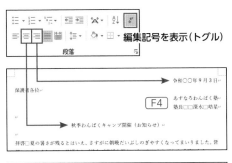

▶ 行を選択するには左余白部をでクリック。配置だけなら行内にカーソルを置くだけでもよい。複数行選択する場合は左余白部分をで下方向にドラッグ。

△ 同じ操作は [F4] で繰り返すと効率的

▶ 直前の操作を繰り返すには，クイックアクセスツールバーの🔄(繰り返し)でも同様。

▶ コマンドボタンの操作には主に，設定する／しないを切り替えるもの(太字や斜体など)と，リストから選択するもの(フォントの色やサイズなど)とがある。

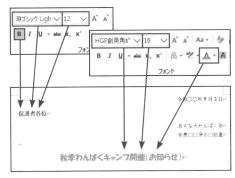

△ 同じ範囲には続けて操作すると効率的

1 [MOS 1.1.4] 画面に編集記号を表示する。

操作	［ホーム］－［編集記号の表示 / 非表示］

2 [Basic] 文字列の行内位置を整える。

対象	1 行目にカーソル
操作	［ホーム］－［右揃え］
対象	3 ～ 4 行目を選択
操作	[F4] キー（直前操作繰り返し）
対象	6 行目を選択
操作	［ホーム］－［中央揃え］
対象	25 ～ 26 行目を選択
操作	[F4] キー

3 [Basic] 文字列の書式を設定する。

対象	2 行目「保護者各位」
操作	❶ ［ホーム］－［フォントサイズ］で「12pt」 ❷ ［ホーム］－［フォント］で「游ゴシック Light」 ❸ ［ホーム］－［太字］
対象	6 行目「秋季……（お知らせ）」
操作	❶ 同様に「16pt」 ❷ 同様に「HGP 創英角ポップ体」 ❸ ［ホーム］－［フォントの色］で「緑，アクセント 6」
対象	26 行目「参加申込書」
書式	12pt，游ゴシック Light，太字

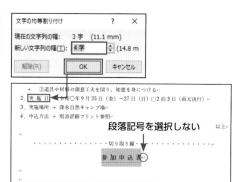

> 均等割り付けが設定された部分にカーソルを置くと水色の下線が表示される（画面上のみ）。

> 文字列の均等割り付けを解除する場合は，「文字の均等割り付け」で[解除]を利用する。

4 Basic 文字列を均等割り付けする。

対象	20 行目「実施日」
操作	❶ [ホーム] － [均等割り付け] ❷ 「新しい文字列の幅」を「4 字」

対象	26 行目「参加申込書」
操作	❶ [ホーム] － [均等割り付け] ❷ 「新しい文字列の幅」を「7 字」

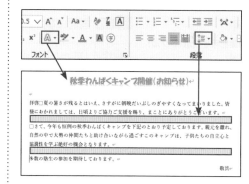

5 MOS 2.2.1 文字列に反射の効果をつける。

対象	6 行目「秋季……（お知らせ）」
操作	❶ [ホーム] － [文字の効果と体裁] ❷ 「反射」 － 「反射（弱）：オフセットなし」

> 段落前の間隔は0.5 行分追加される。間隔追加後は「段落前の間隔を削除」となる（トグル）。

6 MOS 2.2.3 段落の前に間隔を空ける。

対象	10 行目「さて、」にカーソル
操作	❶ [ホーム] － [行と段落の間隔] ❷ 「段落前に間隔を追加」

対象	13 行目「多数の…」にカーソル
操作	F4 キー

> 既定の Tab は，現在のカーソル位置から直近の 4 の倍数となる位置まで間隔をあける。

> Tab の次の文字位置を水平ルーラー上のタブマーカーの位置に揃えられる。

> インデントは，[レイアウト] － [左インデント]で数値設定したり，ルーラー上でインデントマーカーをドラッグしたりしてもよい。

タブの種類（左揃えタブ） 1 回クリックで1 字分字下げ

Tab の次の文字位置を揃える

7 MOS 2.2.3 インデントを設定する。

対象	17 ～ 22 行目を選択
操作	[ホーム] － [インデントを増やす]を 3 回クリック

8 Basic 左揃えタブを設定する。

対象	17 ～ 22 行目を選択
操作	❶ [表示] － [ルーラー]を ☑ の状態にして，ルーラーを表示 ❷ タブの種類が L であることを確認し，水平ルーラーの約 11 字の位置をクリック

9 MOS 2.2.3 行間を設定する。

対象	17 ～ 22 行目を選択
操作	❶ [ホーム] － [行と段落の間隔] ❷ 「1.15」

② 表を作成しよう

> セル間のカーソルの移動は、↑ ↓ → ← キーや Tab を使う。
> Enter はセル内で改行するだけである。セル内の不要な行は BackSpace で削除。

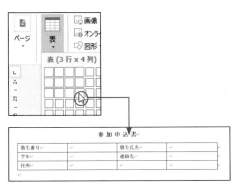

1 [MOS 3.1.3] 表（3行4列）を挿入する。

対象	27行目にカーソル
操作	❶ [挿入]-[表] ❷「3行4列」の位置でクリック ❸ セルに文字を入力 　1行1列目：塾生番号 　　　3列目：塾生氏名 　2行1列目：学年 　　　3列目：連絡先 　3行1列目：住所

> ダブルクリックでセル幅を自動調整すると、表幅も調整される。ドラッグで調整した場合、表幅は変わらない。

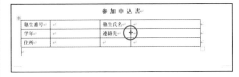

2 [MOS 3.2.4] セルの幅（列幅）を調整する。

対象	表の1列目，3列目
操作	❶ 1列目の右側の境界線をポイント（◄║►） ❷ ダブルクリックで自動調整 ❸ 3列目の右側の境界線をポイント（◄║►） ❹ 適宜左方向にドラッグ

> [レイアウト]-[セルのサイズ]を利用すると数値で設定できる。

3 [MOS 3.2.4] セルの高さ（行高）を調整する。

対象	表の3行目
操作	❶ 3行目の下側の境界線をポイント（⬍） ❷ 適宜下方向にドラッグ

> 表全体は表選択アイコンをクリック。

4 [MOS 3.2.4] 表のサイズを変更する。

対象	表全体（⊞をクリック）
操作	❶ 表右下のサイズハンドルをポイント ❷ 適宜少し右下方向にドラッグ

5 [MOS 3.2.3] セルを分割する。

対象	2行2列目にカーソル
操作	❶ [表ツール]-[レイアウト]-[セルの分割] ❷「セルの分割」で「列数」を「3」 ❸ 分割された2行3列目に「性別」と入力

> セルを選択するときはマウスポインタの形状に留意。
➚：セル単位
↓：列単位
⬦：行単位
⊞：表全体

> ［ホーム］－［中央揃え］は行内の左右方向のみが調整される。

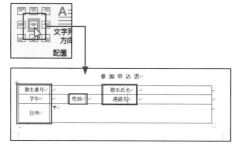

> セル単位で選択しているので，セル幅にあわせて均等割り付けされる。

> 表全体は表選択アイコンをクリック。

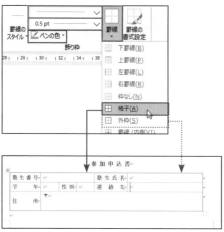

6 MOS 3.2.3 セルを結合する。

対象	3 行 2 ～ 4 列目を選択
操作	❶ ［表ツール］－［レイアウト］－［セルの結合］ ❷ 結合された 3 行 2 列目に「〒」と入力

7 Basic セル内文字の配置を設定する。

対象	1 列目（塾生番号～住所）を選択
操作	❶ ［表ツール］－［レイアウト］ ❷ ［中央揃え］
対象	2 行 3 列目（性別）を選択
操作	❶ F4 キー
対象	1 行 3 列目 2 行 5 列目（塾生氏名～連絡先）を選択
操作	F4 キー

8 Basic セル内で均等割り付けする。

対象	1) 1 列目（塾生番号～住所） 2) 2 行 3 列目（性別） 3) 1 行 3 列目 2 行 5 列目（塾生氏名～連絡先）
操作	❶ 1) を選択して［ホーム］－［均等割り付け］ ❷ 2) ～ 3) と順に選択を変更して F4 キー

9 Basic 罫線の書式を変更する。

対象	表全体を選択
操作	❶ ［表ツール］－［デザイン］の［ペンのスタイル］で「──」 ❷ ［ペンの太さ］で「0.5pt」 ❸ ［ペンの色］で「緑，アクセント6」 ❹ ［罫線］で「格子」
対象	表全体を選択
操作	❶ 同様に［ペンの太さ］を「1.5pt」 ❷ ［罫線］で「外枠」

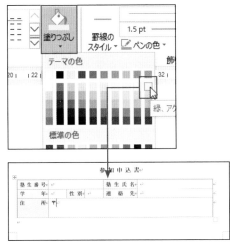

10 Basic セルを塗りつぶす。

対象	1) 1 列目(塾生番号〜住所) 2) 2 行 3 列目(性別) 3) 1 行 3 列目 2 行 5 列目(塾生氏名〜連絡先)
操作	❶1) を選択して[表ツール]－[デザイン]の[塗りつぶし]で「緑，アクセント 6，白＋基本色 80%」 ❷2) 〜 3) と順に選択を変更して F4 キー

11 Basic 表の配置を設定する。

対象	表全体
操作	[ホーム]－[中央揃え]

文書を開く・文書を保存する

▶ ここでは「ドキュメント」内の「30HacWord&Excel2019」内にある「未完成素材」フォルダーを指定している。

◆ Basic ファイルを開く。

対象	保存済のファイル
操作	❶[ファイル]－[開く]で[参照] ❷「ファイルを開く」で，保存してあるフォルダーを指定し，ファイル名をダブルクリック

▶ ここでは「ドキュメント」内の「30HacWord&Excel2019」内で[新しいフォルダー]をクリックして「完成」というフォルダーを作成後，「完成」フォルダーに保存している。

◆ Basic 名前を付けて保存する。

対象	保存場所やファイル名を変更
操作	❶[ファイル]－[名前を付けて保存]で[参照] ❷「名前を付けて保存」で，保存するフォルダーを指定し，ファイル名を入力して[保存]

◆ Basic 上書き保存する。

対象	保存場所もファイル名も同じ
操作	クイックアクセスツールバー上の[上書保存]

就職支援室では，学生の資格取得支援の一環として「IT パスポート試験対策講座」を開催することになり，担当者であるあなたは案内の文書を作成することになりました。なお当該講座は社会貢献を兼ねて地域など外部の方も受講できます。A4 サイズ 2 ページで構成します。

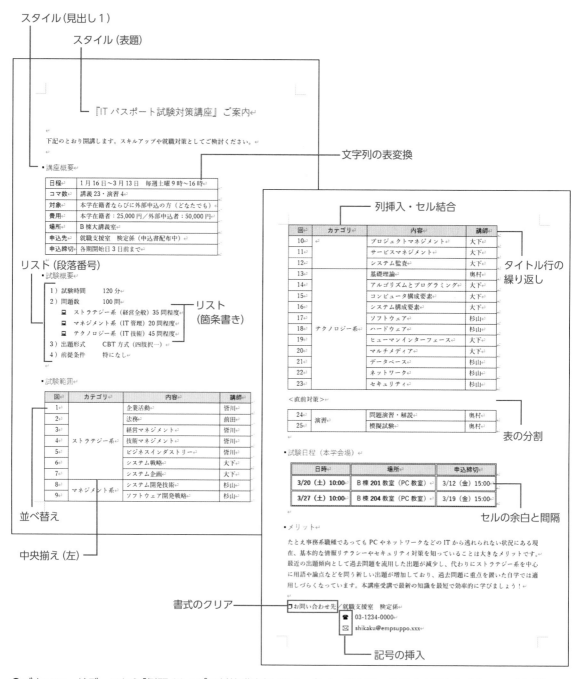

スタイル（見出し 1）
スタイル（表題）
文字列の表変換
列挿入・セル結合
タイトル行の繰り返し
リスト（段落番号）
リスト（箇条書き）
表の分割
並べ替え
中央揃え（左）
セルの余白と間隔
書式のクリア
記号の挿入

●ダウンロードデータから「例題 02_i パス対策講座」を開く。（A4・縦向き・余白／上下左右 30mm・38 行）

《 学習内容 》	ここでは主に表やリストについて，効率よい自在な編集操作を学習しよう。
	●表　　：☑文字列の表変換　☑表解除　☑表のスタイル適用とそのオプション 　　　　　☑行列の挿入・削除　☑セルの余白設定　☑タイトル行の繰り返し 　　　　　☑並べ替え　☑表の分割 ●リスト：☑箇条書きリスト　☑段落番号付きリスト　☑行頭文字や段落番号の変更 　　　　　☑リストのレベル変更

スタイルを適用しよう

▷ 「スタイル」は，フォントやフォントサイズ，太字や下線，行揃えなど複数の書式をまとめ，あらかじめ名前をつけて登録したもの。

例えば「見出し1」では，「游ゴシックLight，12pt，次の段落と分離しない，レベル1」が一括で設定される。

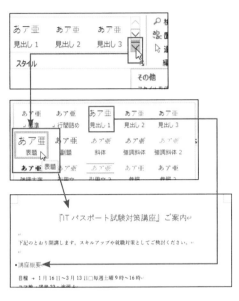

1 MOS 2.2.4　文字列にスタイルを適用する。

対象	1行目にカーソル
操作	❶[ホーム]－[スタイル]から「表題」を選ぶ
対象	「講座概要」の行
操作	❶[ホーム]－[スタイル]から「見出し1」を選ぶ
対象	「試験概要」，「試験範囲」，「試験日程」，「メリット」の各行
操作	F4 キー(直前操作繰り返し)

2 文字列を表に変換したり，表を解除して文字列にもどそう

▷ 段落記号を行の区切り，Tab を列の区切りとして表に変換される。

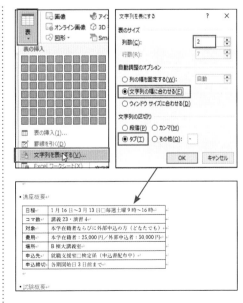

1 MOS 3.1.1　文字列を表に変換する。

対象	「日程」～「申込締切」(6～12行目)の行を選択
操作	❶[挿入]－[表]から「文字列を表にする」 ❷「文字列を表にする」で， 　列数：2 　自動調整のオプション 　　：文字列の幅に合わせる 　文字列の区切り：タブ

▶ 行の区切りに段落記号を，列の区切りに指定された区切り文字（ここではタブ）を挿入して文字列に変換される。

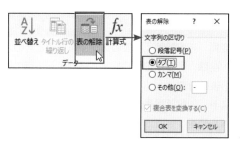

2 MOS 3.1.2 表を解除して文字列にする。

対象	「試験概要」の表内にカーソル
操作	❶ [表ツール] － [レイアウト]で [表の解除] ❷ 「表の解除」で， 文字列の区切り：タブ

---

③ 表を加工しよう

▶ 表の特定の列を基準に並べ替えができる。「昇順」では数字やJISコードが小さい順に，文字がアルファベット順や五十音順に並ぶ。「降順」はその逆。

1 MOS 3.2.1 表のデータを並べ替える。

対象	「試験範囲」の表内にカーソル
操作	❶ [表ツール] － [レイアウト]の [並べ替え] ❷ 「並べ替え」で， 最優先されるキー：回 種類：数値 並べ替えの単位：段落 昇順

▶ 表が複数ページにまたがるとき，項目名の書かれた1行目を各ページに繰り返し表示するかしないか，オン/オフできる。

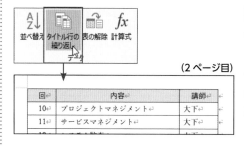

（2ページ目）

2 MOS 3.2.6 タイトル行の繰り返しを設定する。

対象	「試験範囲」の表の1行目にカーソル
操作	❶ [表ツール] － [レイアウト]の [タイトル行の繰り返し]

▶ 行を挿入する場合は，行と行の間の罫線の左側をポイントし，表示される⊕をクリック。

（1ページ目）

3 Basic 列を挿入する。

対象	「試験範囲」の表（2列目）
操作	❶ 先頭行の上で，1列目と2列目の間の罫線の上側をポイント ❷ 罫線の上に表示される⊕をクリック ❸ 次のとおり入力 項目名：カテゴリ 1回の右セル：ストラテジー系 8回の右セル：マネジメント系 13回の右セル：テクノロジー系 24回の右セル：演習

▶ 列を削除する場合は，列単位で選択して[BackSpace]。行の場合も同様。

対象	「試験範囲」の表の2～3列目を選択
操作	右の境界線でダブルクリックして自動調整

回↵	カテゴリ↵	内容↵	講師↵
10↵		プロジェクトマネジメント↵	大下↵
11↵		サービスマネジメント↵	大下↵
12↵		システム監査↵	大下↵
13↵		基礎理論↵	奥村↵
14↵		アルゴリズムとプログラミング↵	大下↵
15↵		コンピュータ構成要素↵	大下↵
16↵		システム構成要素↵	大下↵
17↵		ソフトウェア↵	杉山↵
18↵	テクノロジ系↵	ハードウェア↵	杉山↵
19↵		ヒューマンインターフェース↵	大下↵
20↵		マルチメディア↵	大下↵
21↵		データベース↵	杉山↵
22↵		ネットワーク↵	杉山↵
23↵		セキュリティ↵	杉山↵
24↵	演習↵	問題演習・解説↵	奥村↵
25↵		模擬試験↵	奥村↵

4 Basic 挿入した列を整える。

対象	「試験範囲」の表の2列目で，1～7回目の右セルを選択
操作	❶［表ツール］－［レイアウト］で［セル結合］ ❷［表ツール］－［レイアウト］で［中央揃え（左）］
対象	8～9回目の右セル，10～12回目の右セル，13～23回目の右セル，24～25回目の右セル
操作	上の❶，❷と同様

▶ 表は水平方向に分割され，カーソルのある行が分割された表の1行目になる。

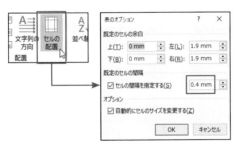

5 MOS 3.2.5 表を分割する。

対象	2ページ15行目（「試験範囲」の表の24回の行）にカーソル
操作	❶［表ツール］－［レイアウト］の［表の分割］ ❷分割されたことで挿入された行に「＜直前対策＞」と入力

▶ セルの間隔とは，上下左右に隣りあったセル同士の間隔のこと。

6 MOS 3.2.2 セルの間隔を設定する。

対象	「試験日程」の表内にカーソル
操作	❶［表ツール］－［レイアウト］の［セルの配置］ ❷「表のオプション」で 既定のセルの間隔： セルの間隔を設定する：☑ 0.4mm

▶ セルの余白は，1つ1つのセル内部に設ける余白のこと。

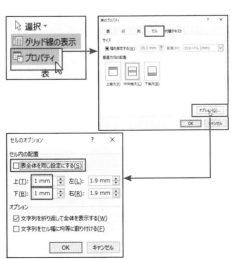

7 MOS 3.2.2 セルの余白を設定する。

対象	「試験日程」の表の2～3行目を選択
操作	❶［表ツール］－［レイアウト］の［プロパティ］ ❷「表のプロパティ」の「セル」タブで［オプション］ ❸「セルのオプション」で セル内の配置： 表全体を同じ設定にする：□（オフ） 上：1mm，下：1mm

④ リストを作成しよう

▶ リストとは「箇条書き」や「段落番号」を設定した段落をいう。

▶ 段落番号を解除するには ≣ をオフにする。

1 MOS 3.3.1 段落番号付きリストを作成する。

対象	1ページ15～16行目を選択（「試験時間」～「問題数」）
操作	① [ホーム]－[段落番号]（▼） ②《番号ライブラリ》から「①②③」

2 MOS 3.3.2 番号書式を変更する。

対象	1ページ15～16行目を選択（「試験時間」～「問題数」）
操作	① [ホーム]－[段落番号]（▼） ②《番号ライブラリ》から「1. 2. 3.」

▶ 自動的に連番を振る番号は「番号の種類」から選ぶ。

▶ 「番号書式」には連番以外に共通するピリオドやかっこなどを入力する。

3 MOS 3.3.3 新しい番号書式を定義する。

対象	1ページ15行目（「試験時間」）にカーソル
操作	① [ホーム]－[段落番号] ②「新しい番号書式の定義」で 　番号の種類：（全角の）「1，2，3」 　番号書式：「1」の後ろに「）」

▶ 箇条書きを解除するには ≣ をオフにする。

4 MOS 3.3.1 箇条書きリストを作成する。

対象	1ページ17～19行目を選択（「ストラテジー系」～「テクノロジー系」）
操作	① [ホーム]－[箇条書き]（▼） ②《行頭文字ライブラリ》から「◇」

▶ 箇条書きや段落番号には階層化されたレベルが用意されており，レベルに応じて行頭文字や番号書式，さらにインデントが自動的に設定される。

5 MOS 3.3.4 リストのレベルを変更する。

対象	1ページ17～19行目を選択（「ストラテジー系」～「テクノロジー系」）
操作	① [ホーム]－[箇条書き] ②「リストのレベルの変更」から「レベル2（➤————）」

▶ 行頭文字や番号書式は，登録されたものだけでなく新しいものに変更できる。

▶ 先のリストから離れた別の場所に同じ番号書式を設定すると「オートコレクトのオプション」が表示され，先のリストに継続した番号に振り直せる。

▶ [MOS 3.3.6] [段落番号] − [番号の設定]を利用すると，開始番号を適宜指定できる。

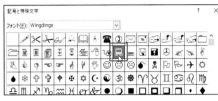

6 [MOS 3.3.3]	新しい行頭文字を定義する。
対象	1 ページ 17 ～ 19 行目を選択 （「ストラテジー系」～「テクノロジー系」）
操作	❶ [ホーム] − [箇条書き] ❷「新しい行頭文字の定義」で[記号] ❸「記号と特殊文字」から「🖥」

7 [MOS 3.3.5]	リストの番号を自動的に振る。
対象	1 ページ 20 ～ 21 行目を選択 （「出題形式」～「前提条件」）
操作	❶ [ホーム] − [段落番号]（▾） ❷《番号ライブラリ》から「1）2）3）」 ❸ ▾(オートコレクトのオプション)をクリックし，「自動的に番号を振る」をクリック

⑤ 書式をクリアし，記号を挿入しよう

▶ 書式のクリアではすべての書式が解除され，既定のフォント，フォントサイズ，行揃え，行間等になる。

1 [MOS 2.2.5]	書式をクリアする。
対象	「❏お問い合わせ先」（2 ページ 31 行目）
操作	❶ [ホーム] − [すべての書式をクリア]

▶ 「記号と特殊文字」はフォントによって記号の種類が異なる。

▶ 「よみがな」を入力して変換できる記号も数多い。
例）
まる：○●◎
ほし：☆★※
なお変換候補のうち[環境依存]とあるものは，特定の環境でしか表示されないことを示す。

2 [MOS 2.1.2]	記号を挿入する。
対象	「：03-1234-…」の前 「：shikaku@…」の前
操作	❶ [挿入] − [記号と特殊文字] ❷「記号と特殊文字」で「その他の記号」 ❸「記号と特殊文字」でフォント：Wingdings ❹「☎」を選んで[挿入] ❺ カーソルを移動し「✉」を選んで[挿入] ❻「記号と特殊文字」を[閉じる]

就職支援室センターでは毎月「就職支援センター通信」を作成しており，あなたはセンター利用を推奨する内容で 5 月号を作成することになりました。A4 サイズ 1 ページで構成します。

アイコン (サイズ，青)

アクセシビリティチェック　PDF 形式保存

游ゴシック Medium
14pt・太字・濃い青
書式のコピー／貼り付け

ワードアート
HGP 創英角ゴシック UB
変形 (凸レンズ：上)

SmartArt (双方向循環)
図形の変更
文字列の折り返し
(四角)

SmartArt
(増加矢印の
プロセス／
ステップリスト
に変更)
行内で中央揃え

3D モデル
サイズ，回転

ページ罫線

画像修整 (明るさ＋20％コントラスト＋20％)
文字列の折り返し (四角) 図のスタイル (四角形，ぼかし)

ページの色

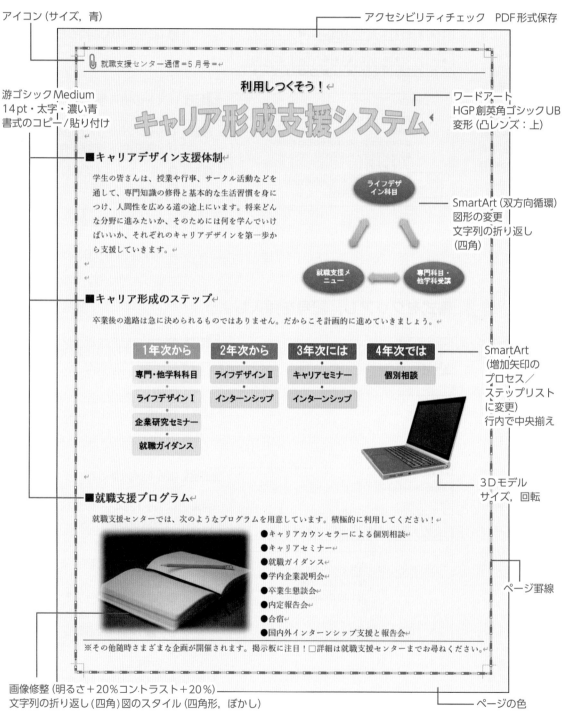

●ダウンロードデータから「例題 03_ 就職支援センター通信」を開く。(A4・縦向き・余白／狭い)

《 学習内容 》	ここではグラフィック要素が挿入された目を引く文書作成ついて学習しよう。
	●グラフィック要素：☑ワードアート　☑SmartArt　☑画像　☑3D モデル　☑アイコン 　　　　　　　　☑ページ罫線　☑書式のコピー / 貼り付け　☑オブジェクトの配置 　　　　　　　　☑文字列の折り返し ●文書の管理：☑アクセシビリティチェック　☑エクスポート

① ワードアートを挿入して編集しよう

▶ ワードアートは塗りつぶしの色と輪郭を基本に，光彩や影などが追加されてデザインされている。

▶ ワードアートの既定サイズは36pt。挿入するカーソル位置のフォントで挿入される。

▶ ワードアートは文字列の折り返しが「前面」で挿入され，行の手前に配置される。

▶ 行に入力した文字に[ホーム]の[文字の効果と体裁]を利用すると同じようにデザインできるが，ワードアートのような面取り・3D回転・変形はできない。

▶ [描画ツール]－[書式]の 配置 [オブジェクトの配置]で，「配置ガイドの使用」に✓をつけておくと，ドラッグで移動したときに行頭や行末，行中央，あるいは行の上を示す緑色のガイドが表示されるので，移動の助けになる。

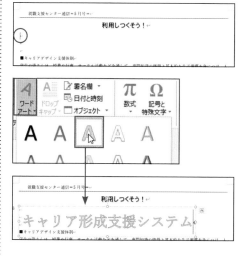

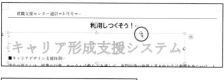

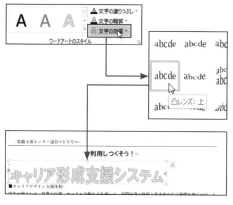

1 Basic ワードアートを挿入する。

対象	3 行目にカーソル
操作	❶ [挿入]－[ワードアートの挿入] ❷ 「塗りつぶし：オレンジ，アクセントカラー 2；輪郭：オレンジ，アクセントカラー 2」

2 Basic ワードアートの文字列を入力する。

対象	ワードアート(枠が点線。カーソルがある)
操作	❶ 「ここに文字を入力」を削除 ❷ 「キャリア形成支援システム」と入力

3 Basic ワードアートのスタイルを変更する。

対象	ワードアート(枠を🖑でクリック。枠が実線になる。)
操作	❶ [ホーム]－[フォント]から「HGP 創英角ゴシック UB」 ❷ [描画ツール]－[書式]の[文字の効果] ❸ 「変形」から「凸レンズ：上」

4 Basic ワードアートを移動する。

対象	ワードアート
操作	枠線を🖑でポイントしてバランスよく適宜ドラッグ

② 書式のコピー / 貼り付けをしよう

■ キャリアデザイン支援体制↵

学生の皆さん、授業や行事、サークル活動など　ます。将来どんな分野

✂ 切り取り
📋 コピー
🖌 書式のコピー / 貼り付け
クリップボード

一歩から支援していま

貼り付け

■ キャリア形成のステップ↵

卒業後の進路は急に決められるものではありま

↵
↵

■ 就職支援プログラム↵

就職支援センターでは、次のようなプログラムを

▶ [書式のコピー / 貼り付け] をクリックした場合は、1 回だけの貼り付けで終了する。

---

1 `Basic` 複数の書式を設定する。

対象	6 行目(■キャリアデザイン〜) を選択
操作	游ゴシック Medium，14pt，太字，濃い青

2 `MOS 2.2.2` 書式をコピーする。

対象	6 行目を選択
操作	[ホーム] − [書式のコピー / 貼り付け] をダブルクリック

3 `MOS 2.2.2` 書式を連続して貼り付ける。

対象	12 行目(■キャリア形成の〜)
操作	🖌で文字列上をドラッグ

対象	16 行目(■就職支援〜)
操作	❶ 🖌で文字列上をドラッグ ❷ `Esc` で終了

---

③ SmartArt を挿入し編集しよう

① 1 つ目の SmartArt

▶ テキストウィンドウが表示されない場合は、左枠線中央の < をクリックする。入力後は閉じてよい。

▶ テキストウィンドウの行と図形とが連動しているので、`Enter` で改行すると図形が追加される。削除する場合は `BackSpace` で 行を削除する。

▶ それぞれの図形内をクリックして入力してもよい。

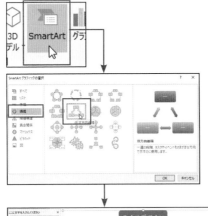
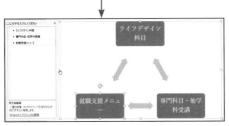

---

1 `MOS 5.1.4` SmartArt を挿入する。

対象	10 行目(「〜支援していきます。」の下)にカーソル
操作	❶ [挿入] − [SmartArt グラフィックの挿入] ❷ 「循環」で「双方向循環」を選択

2 `MOS 5.1.4` SmartArt にテキストを入力する。

対象	テキストウィンドウにカーソル
入力	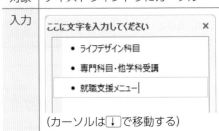

（カーソルは `↓` で移動する）

> [Shift] を押しな
がらクリックすると
複数の図形を同時に
選択できる。

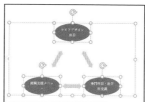

3 **MOS 5.2.5** SmartArt の図形を変更する。

対象	SmartArt 内の四角形 3 つ（[Shift] を押しながらクリック）
操作	❶ [SmartArt ツール] – [書式] – [図形の変更] ❷ 「楕円」を選択

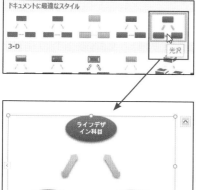

4 **MOS 5.2.5** SmartArt のスタイルを設定する。

対象	SmartArt（全体）
操作	❶ [SmartArt ツール] – [デザイン] – [SmartArt のスタイル] ❷ 「光沢」を選択

5 **MOS 5.2.5** SmartArt内のフォントを変更する。

対象	SmartArt（全体）
操作	[ホーム] – [フォント]から「HG ゴシック E」

6 **MOS 5.2.5** SmartArt を縮小する。

対象	SmartArt（全体）
操作	❶ 枠の右下角をポイント（✎） ❷ 枠の縦横 1/2 程度の大きさまでドラッグ

> SmartArt は既
定では「行内」に挿入
される（1 行の中に
全体が入る）。必要
に応じて文字列の折
り返しを利用して,
グラフィックス周囲
への文字列の回り込
みなどを指定する。

7 **MOS 5.4.2** 文字列の折り返しを変更する。

対象	SmartArt（全体）
操作	「レイアウトオプション」で文字列の折り返しから「四角形」を選択

8 **MOS 5.2.5** SmartArt を移動する。

対象	SmartArt（全体）
操作	枠線を✥でポイントし,「学生の皆さんは〜」の段落の右側にドラッグ

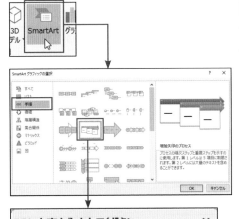

> 2種類の図形で構成される SmartArt は，図形に上下のレベルがあり，テキストウィンドウの文字列では左インデントでレベルを示す。

1 [MOS 5.1.4] SmartArt を挿入する。

対象	14 行目にカーソル
操作	❶ [挿入] − [SmartArt グラフィックの挿入] ❷「手順」で「増加矢印のプロセス」を選択

2 [MOS 5.1.4] SmartArt にテキストを入力する。

対象	テキストウィンドウにカーソル
入力	（左図参照）

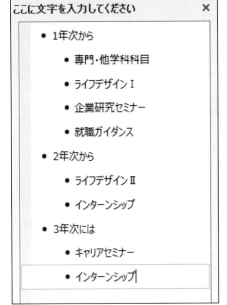

> [Enter] で改行すると同じレベルの図形が追加されるので，レベルを下げるときは [Tab]，上げるときは [Shift] + [Tab] を利用する。

3 [MOS 5.2.5] SmartArt内のフォントを変更する。

対象	SmartArt（全体）
操作	[ホーム] − [フォント] から「HGP ゴシック E」

4 [MOS 5.2.5] SmartArt を縮小する。

対象	SmartArt（全体）
操作	❶ 枠の右下角をポイント（ ） ❷ 文書が 1 ページに収まる程度までドラッグして縮小

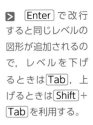

5 [MOS 5.2.5] SmartArt の色を変更する。

対象	SmartArt（全体）
操作	❶ [SmartArt ツール] − [デザイン] − [色の変更] ❷「カラフル−アクセント 3 から 4」を選択

6 [MOS 5.4.1] SmartArt の配置を整える。

対象	14 行目（SmartArt の枠外にカーソル）
操作	[ホーム] − [中央揃え]

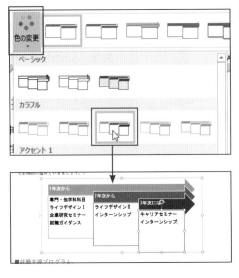

> 2 つ目の SmartArt は「行内」のままなので，ページの行内で配置が設定できる。

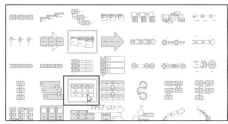

7 [MOS 5.3.3] SmartArtのレイアウトを変更する。

対象	SmartArt（全体）
操作	❶ [SmartArt ツール] − [デザイン] − [レイアウト] ❷ 「ステップリスト」を選択

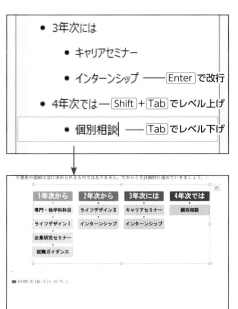

- 3年次には
  - キャリアセミナー
  - インターンシップ ── Enter で改行
- 4年次では ── Shift + Tab でレベル上げ
  - 個別相談 ── Tab でレベル下げ

8 [MOS 5.3.3] SmartArt の内容を追加する。

対象	テキストウィンドウ
入力	（左図参照）

9 [MOS 5.1.4] SmartArt のサイズを設定する。

対象	SmartArt（全体）
操作	❶ [SmartArt ツール] − [書式] の [サイズ] で，高さに「60mm」，幅に「140mm」と入力

---

④ 図を挿入し編集しよう

① 画像の挿入と編集

▶ ここではページ
の下の方に大きな画
像が挿入されるの
で，いったん次の
ページに送られる。

▶ 画像は既定では
「行内」で挿入され
る。

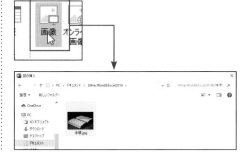

1 [MOS 5.1.2] 図（画像）を挿入する。

対象	18 行目（●キャリアカウンセラー〜）にカーソル
操作	❶ [挿入] − [画像] ❷ [図の挿入]ダイアログボックスでフォルダーを切り替え，「手帳 .jpg」を選択

2 [MOS 5.2.2] 図のサイズを縮小する。

対象	図
操作	❶ 枠の右下角をポイント（🖱） ❷ 枠の縦横 1/3 程度の大きさまでドラッグ

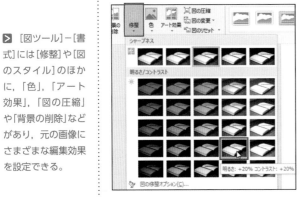

> [図ツール]－[書式]には[修整]や[図のスタイル]のほかに，「色」，「アート効果」，「図の圧縮」や「背景の削除」などがあり，元の画像にさまざまな編集効果を設定できる。

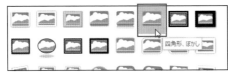

3	MOS 5.4.2	図の文字列の折り返しを変更する。

対象	図
操作	「レイアウトオプション」で「四角形」を選択

4	MOS 5.2.2	図を修整する。

対象	図
操作	① [図ツール]－[書式] ② [修整]で「明るさ：+20% コントラスト：+20%」を選択

5	MOS 5.2.2	図のスタイルを設定する。

対象	図
操作	① [図ツール]－[書式] ② [図のスタイル]で「四角形，ぼかし」を選択

② 3D モデルの挿入と編集

> 3D モデルは既定では「前面」で挿入される。

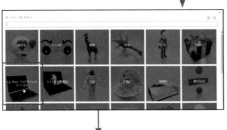

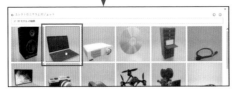

※ダウンロード時は緑色の
インジケーターを表示

1	MOS 5.1.3	3D モデルを挿入する。

対象	15 行目（「■就職支援～」の上）にカーソル
操作	① [挿入]－[3D モデル]－[オンラインソースから] ② [オンライン 3D モデル]で「エレクトロニクスとガジェット」を選択 ③ パソコンの 3D モデルを選択し，[挿入]

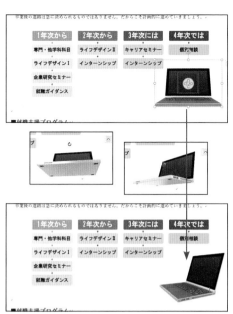

2 MOS 5.2.6		3D モデルを縮小して移動する。

対象	3D モデル
操作	❶ 枠の右下角をポイント(✎) ❷ 枠の縦横 1/2 程度の大きさまでドラッグ ❸ 2 つ目の SmartArt の右下に移動

3 MOS 5.2.6		3D モデルを回転する。

対象	3D モデル
操作	回転アイコンをドラッグして 3D 方向に適宜回転

③ アイコンの挿入と編集

> ▶ アイコンは既定では「行内」に挿入される。

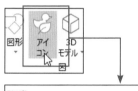

1 Basic		アイコンを挿入して縮小する。

対象	1 行目にカーソル
操作	❶ [挿入]-[アイコン] ❷ [アイコンの挿入]で「ビジネス」から「ゼムクリップ」を選択 ❸ 枠の縦横 1/2 程度まで縮小

2 Basic		アイコンの書式を変更する。

対象	アイコン
操作	❶ [グラフィックツール]-[書式] ❷ [グラフィックの塗りつぶし]で「青」を選択 ❸ 「レイアウトオプション」で「前面」を選択

補足⁺ オンライン画像のライセンス

> ▶ 著作者の才能や努力に敬意をもち，CC ライセンスに沿った利用をしなければならない。

オンラインから検索される画像やイラストなどは，クリエイティブ・コモンズ・ライセンスに則って検索される。CC ライセンスは，その画像を第三者が利用するときの使用条件で，著作者の表示や改変の禁止などいくつか種類がある。検索されたサムネイルの右下(…)をポイントすると，画像のサイズと検索元 URL がわかる。

⑤ ページの背景要素を設定しよう

❶ ページ罫線

▶ ページの周囲（上下左右の余白部分）に設定できる枠線を「ページ罫線」という。

▶ 「絵柄」のうち，すでに色のついているものは色の設定はできない。

▶ ページ罫線の基準は既定では「ページの端」になっており，そこから余白分離れた位置に設定される。

▶ ページ罫線を削除するには「罫線とページ罫線と網かけの設定」－「ページ罫線」で，種類を「罫線なし」にする。

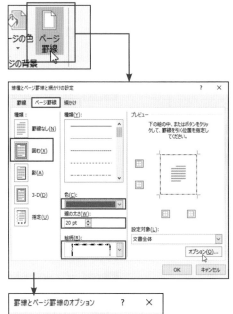

1 〔MOS 1.2.4〕 ページ罫線を挿入する。

対象	カーソルはどこでもよい
操作	❶ ［デザイン］－［罫線と網掛け］ ❷ 「線種とページ罫線と網かけの設定」－「ページ罫線」で， 　　種類：囲む 　　色：青 　　絵柄：┌▀▀▀▀▀┐ 　　線の太さ：20pt ❸ ［オプション］をクリック ❹ 「罫線とページ罫線のオプション」で， 　　基準：ページの端 ❺ ［OK］で「線種とページ罫線と網かけの設定」に戻り［OK］

※［罫線と網掛け］のボタンには「ページ罫線」と書かれている。

❷ ページの色

▶ ページの色をなしにするには，［ページの色］で「色なし」を選ぶ。

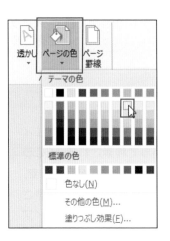

1 〔MOS 1.2.4〕 ページの背景に色を設定する。

対象	カーソルはどこでもよい
操作	❶ ［デザイン］－［ページの色］ ❷ 「ゴールド，アクセント 4，白＋基本色 80％」

③ 透かし文字の挿入と削除

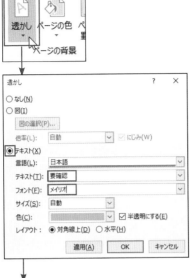

> ▷ 「透かし」はヘッダーとして挿入される。つまり挿入されるときのカーソル位置がヘッダーにあるということ。
> ここでは透かしを挿入することを想定し，ヘッダーの位置（用紙の端からの距離）を5mmに設定済みである。

1 MOS 1.2.4 ページに透かし文字を挿入する。

対象	カーソルはどこでもよい
操作	❶ [デザイン] － [透かし] ❷ 「ユーザー設定の透かし」 ❸ 「透かし」で「テキスト」を選び， 　テキスト：「要確認」と入力 　フォント：メイリオ 　サイズ：自動 　レイアウト：対角線上

2 MOS 1.2.4 透かし文字を削除する。

対象	カーソルはどこでもよい
操作	❶ [デザイン] － [透かし] ❷ 「透かしの削除」

 ページの色の印刷

[ファイル] － [印刷] でプレビューするとわかるが，既定ではページの色が印刷されることはない。
ページの色も印刷するときは，
❶ [ファイル] － [オプション]
❷ [表示]
❸ 「印刷オプション」で「背景の色とイメージを印刷する」を☑

⑥ アクセシビリティをチェックして修正しよう

▶ アクセシビリティチェックでは，視覚に障がいがある方などが音声読み上げソフトを使うときに，判別しにくい情報が含まれていないかどうかを検査する。
・エラー：障がいがある方にとって理解が困難なオブジェクトであることを示す
・警告：理解できない可能性があるオブジェクトであることを示す
・ヒント：理解できるが改善した方がよいオブジェクトや，作者の意図が伝わるか確認した方がよいオブジェクトであることを示す

▶ 代替テキストがあれば，読み上げソフトがグラフィック要素の代わりにこれを読み上げる。

▶ アクセシビリティチェックをするまでもなく代替テキストが必要な場合は，図形などのオブジェクトを右クリックし，［代替テキストの編集］が利用できる。

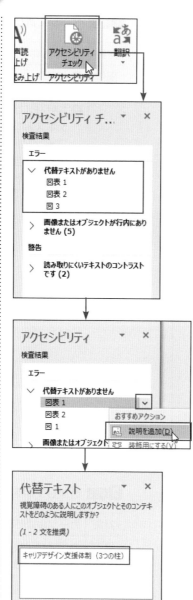

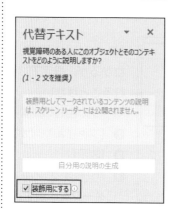

1 〔MOS 1.4.2〕 アクセシビリティチェックをする。

対象	カーソルはどこでもよい
操作	［校閲］－［アクセシビリティチェック］
結果	［アクセシビリティチェック］作業ウィンドウが表示され，エラー箇所が表示される

※図表や図の後ろの番号は，挿入された順に自動的に振られるので，挿入した順番や途中削除したりした操作状況によって異なる。

2 〔MOS 5.4.3〕 代替テキストを入力する。

対象	図表 1（1 つ目の SmartArt）
操作	❶ ドロップダウンの「おすすめアクション」から「説明を追加」 ❷「代替テキスト」ウィンドウが表示されるので，「キャリアデザイン支援体制（3 つの柱）」と入力
対象	図表 2（2 つ目の SmartArt）
操作	❶ 2 つ目の図表を選ぶ ❷「代替テキスト」ウィンドウに「キャリア形成のステップ（1 年次から 4 年次）」と入力
対象	図 1（3 つ目の手帳の図）
操作	❶ 3 つ目の図を選ぶ ❷「代替テキスト」ウィンドウで「装飾用にする」を✓

※「装飾用」は，まさに単なる装飾用で，大切な情報ではない場合に用いる。

※終了後は両方の作業ウィンドウを閉じる。

ファイルを PDF 形式で保存しよう

▶ Word 文書を別のファイル形式で保存することを「エクスポート」という。保存できるファイル形式は次のとおり。
・PDF または XPS
・Word97-2003 文書
・テンプレート
・書式なしテキスト
・リッチテキスト
・Web ページ

▶ PDF は，作成元のアプリがない場合でも元のアプリで作成したとおりに正確に画面表示できる。Eddge などのブラウザーやリーダーなどの閲覧ソフトがあればパソコンの機種や環境にかかわらずに表示できるので，閲覧や配布によく用いられる。

▶ PDF にページの色を反映させたいときは，p25 補足にあるように，オプションの背景の色とイメージを印刷するに☑が必要。

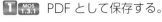
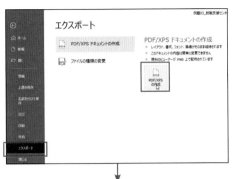

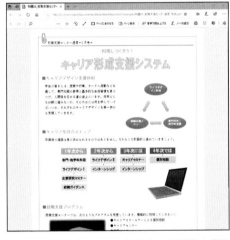

※ Microsoft Eddge で表示した様子

1 MOS 1.3.1 PDF として保存する。

対象	文書全体
操作	❶ [ファイル]－[エクスポート] ❷ [PDF/XPS の保存] ❸ 「PDF または XPS で発行」ダイアログボックスで保存先フォルダーを指定 ❹ ファイルの種類が「PDF」であることを確認して[発行]

※「発行後にファイルを開く」に✓がある場合は，ブラウザーが起動し，作成された PDF ファイルが開く。

ウリノキリサーチ社のあなたは，コーヒー飲料の購入に係るパッケージの関係について調査したので，その報告書を作成することになりました。A4 サイズ 3 ページで構成します。

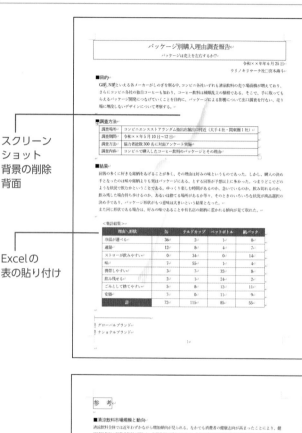

スクリーン
ショット
背景の削除
背面

Excelの
表の貼り付け

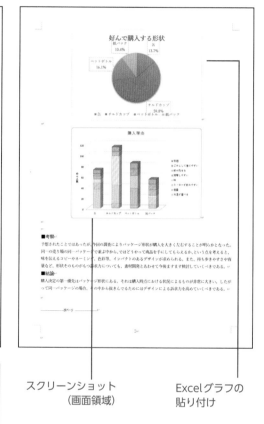

スクリーンショット
（画面領域）

Excelグラフの
貼り付け

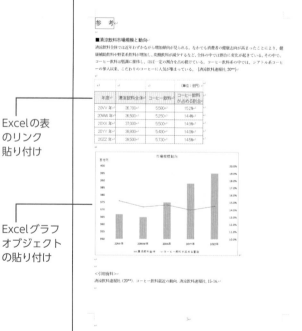

Excelの表
のリンク
貼り付け

Excelグラフ
オブジェクト
の貼り付け

● ダウンロードデータから「例題 04_ 購入理由調査報告書」を開く。(A4・縦向き・余白／上下左右 20mm)

《 学習内容 》	ここでは文書に他のアプリのデータを取り込む工夫について学習しよう。
	●アプリ間でのコピー&ペースト：☑貼り付けのオプション ●グラフィック要素：☑スクリーンショット　☑図の背景を削除

1 Word 文書に Excel の表を貼り付けよう

1 Excel の表を貼り付け先のスタイルで Word 文書に貼り付ける

▶ ダウンロードデータから別途 Excel ブック「例題 04_購入理由調査報告書」を開いておく。

▶ Excel と Word のように複数のアプリを起動した場合は，タスクバーでアプリを切り替える。

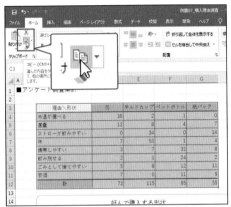

1 Advance Excel の表をコピーする。

対象	Excel：シート「アンケート集計」 セル範囲：C3:G12
操作	① [ホーム]-[コピー] ② タスクバーで Word に表示を切り替え

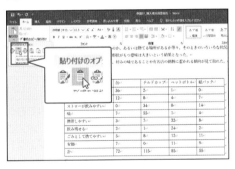

2 Advance Word 文書に貼り付ける。

対象	Word：1 ページ 26 行目（<集計結果>の下）
操作	① [ホーム]-[貼り付けのオプション] ② 「貼り付け先のスタイルを使用」を選択

▶ 貼り付け先のスタイルで貼り付けると，Word で挿入した表と同じに扱えるので，[表ツール]で書式などを変更できる。

中央揃え

中央揃え（左）

中央揃え（右）
右インデント 2.5 字

インデント
左: 0 字
右: 2.5 字
段落

3 Basic 表の体裁を整える。

対象	Word：表全体
操作	① インデント：2 字 ② ペンの色：ゴールド，アクセント 4，黒+基本色 50% 罫線：格子 ③ セル内の配置：完成例参照 ④ セルの塗りつぶし：完成例参照 ⑤ フォントの色：完成例参照

② Excel の表を元の書式でリンクして Word 文書に貼り付ける

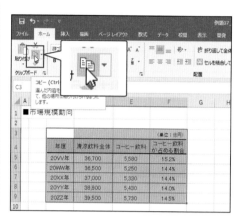

1 Advance　Excel の表をコピーする。

対象	Excel：シート「市場動向」 セル範囲：C3:F9
操作	❶ ［ホーム］－［コピー］ ❷ タスクバーで Word に表示を 切り替え

▶ リンクで貼り付けた表内をクリックすると，リンク元のデータが参照されているので，薄い灰色で反転する。

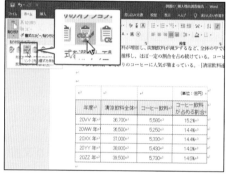

2 Advance　Word 文書に貼り付ける。

対象	Word：3 ページ 9 行目
操作	❶ ［ホーム］－［貼り付けのオプション］ ❷ 「リンク（元の書式を保持）」

※いったん Excel に切り替えて終了しておく（保存しない）。

▶ リンク元のブックを移動したり削除したり，あるいはブック名を変更するとエラーになるので注意が必要。

3 Advance　リンク元を開いてデータを修正する。

対象	Word：リンクしている表
操作	❶ 表内で右クリック ❷ 「リンクされた Worksheet オブジェクト」で，「編集リンク」 ❸ Excel が起動してリンク元の表が表示されるので，次のとおり修正 セル E7：「5330」→「5500」

▶ ここでは手動でリンク先を更新。リンクされたデータは，Word 文書を開くときに自動的に更新される。

4 Advance　リンク先でデータを更新する。

対象	Word：リンクしている表
操作	❶ Word に切り替えて，リンクしている表内で右クリック ❷ 「リンク先の更新」

※ Excel 側での修正が Word 側に反映されたことを確認。
※ Excel ブックを上書き保存する（次の操作のため開いたままでよい）。

Word 文書に Excel のグラフを貼り付けよう

 Excel のグラフを Word 文書に貼り付ける

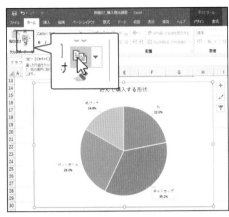

1 Advance　Excel のグラフをコピーする。

対象	Excel：シート「アンケート集計」 円グラフ
操作	❶ [ホーム]−[コピー] ❷ タスクバーで Word に表示を切り替え

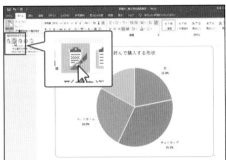

2 Advance　Word 文書に貼り付ける。

▶ 文字列の折り返し「行内」で挿入される。

対象	Word：2 ページ 1 行目
操作	❶ [ホーム]−[貼り付けのオプション] ❷ 「元の書式を保持しブックを埋め込む」

3 Advance　円グラフのスタイルを変更する。

▶ 元の書式であっても，Word 内のグラフとして貼り付けられたので，Word で書式などを変更できる。

対象	Word：貼り付けた円グラフ
操作	❶ [グラフツール]−[デザイン]の[グラフスタイル]から「スタイル 12」 ❷ [グラフツール]−[書式]の[レイアウトの詳細設定：サイズ] ❸ 「レイアウト」で，倍率：高さ 70％，幅 70％ ❹ [ホーム]−[中央揃え]

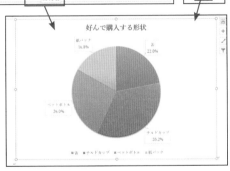

▶ コピー元のExcelブックとの関連はないので，「Microsoft Word 内のグラフ」が表示される。

4 Advance　円グラフのデータを修正する。

対象	Word：貼り付けた円グラフ
操作	❶ [グラフツール]−[デザイン] ❷ [データの編集]で「データの編集」

③「Microsoft Word 内のグラフ」で，次のとおりデータを修正
セル E8：「7」→「207」
④円グラフの構成に反映されたことを確認し，「Microsoft Word 内のグラフ」を閉じる。

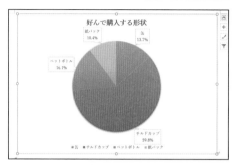

※ Excel に切り替え，Word 側での修正が反映されていないことを確認。

② Excel のグラフオブジェクトとして Word 文書に貼り付ける

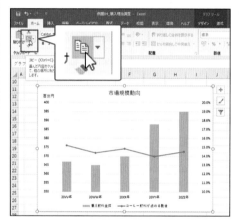

1 Advance　Excel のグラフをコピーする。

対象	Excel：シート「市場動向」複合グラフ
操作	① [ホーム] − [コピー] ② タスクバーで Word に表示を切り替え

2 Advance　Word 文書に貼り付ける。

対象	Word：3 ページ 18 行目
操作	① [ホーム] − [貼り付けのオプション] ② 「形式を選択して貼り付け」 ③ 「形式を選択して貼り付け」で，貼り付ける形式：Microsoft Excel グラフオブジェクト

※ Excel に切り替えて終了しておく（保存しない）。

▶ オブジェクトとして挿入されているので，コンテクスチュアルタブ（グラフツールや図ツールなど）が追加表示されないことに注意。

▶ Excel グラフの編集モードでは，Word の Window 内部に Excel のリボンが表示され，Excel の機能を用いてグラフの編集や元データの修正ができる。

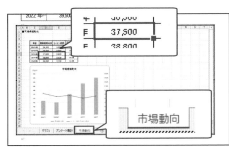

市場動向

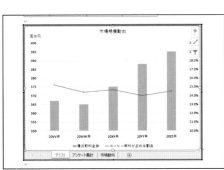

▶ Excel グラフオブジェクトは，文字列の折り返し「行内」で挿入される（ここでの配置は「両端揃え」のままとする）。

3 Advance Excelオブジェクトグラフを縮小する。

対象	Word：貼り付けた複合グラフ
操作	❶点線の枠線で囲まれたオブジェクトとして挿入されるので，（行幅よりかなり大きいので）左下の■ハンドルを利用して，行幅内にバランスよく収める

※グラフの縦横比を保つため，左下など四隅のハンドルを利用する。

4 Advance Excel グラフを編集モードにする。

対象	Word：貼り付けた複合グラフ
操作	グラフ枠内をダブルクリック

※ Excel オブジェクトのグラフが〆〆〆で囲まれる。

5 Advance オブジェクトグラフを修正する。

対象	Word：貼り付けた複合グラフ
操作	❶シート見出し「市場動向」に切り替え，次のとおりデータを修正 セル D7：「37000」→「37500」 ❷シート見出し「グラフ1」に切り替え，［ホーム］-［フォントサイズの拡大］を適宜（4〜6回）クリックし，グラフエリア内のフォントサイズを整える ❸文書本文内（〆〆〆の外）をクリックして編集モードを終了

※次の操作のため，もう一度 Excel ブック「例題 04_ 購入理由調査報告書」を開く。

③ スクリーンショットを利用しよう

① 画面の領域をショットして Word 文書に貼り付ける

1 [MOS 5.1.5] スクリーンショットを挿入する。

対象	Word：2ページ3行目にカーソル
操作	❶ Excel でシート見出し「アンケート集計」を選択し，積み重ね縦棒グラフが見えるようにする ❷ Word に切り替える ❸ ［挿入］−［スクリーンショットをとる］で，「画面の領域」 ❹ ひと呼吸おくと画面がホワイトアウトして Excel の画面が表示されるので，積み重ね縦棒グラフを切り取るようにグラフエリアの枠に沿ってドラッグで囲む

※ Word の画面に戻り，❹で囲んだ範囲が「図」として文書内に挿入される。

> ▶ スクリーンショットは文字列の折り返し「行内」で挿入される。

2 [Basic] 積み重ねグラフのスタイルを変更する。

対象	Word：積み重ねグラフの図
操作	❶ ［図ツール］−［書式］の［レイアウトの詳細設定：サイズ］ ❷ 「レイアウト」で， 倍率：高さ 70%，幅 70% ❸ ［ホーム］−［中央揃え］

※完成例を参照し，2ページがバランスよくなるように調整する。
※終了後は Excel を終了する（保存しない）。

② 別画面をショットして Word 文書に貼り付ける

▶ 画像編集アプリ（ここではペイント）で，ダウンロードデータから「ウリノキの花」を開き，あわせて適宜ウィンドウサイズを調整しておく。

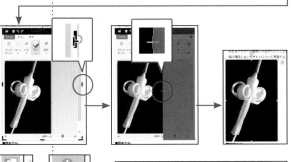

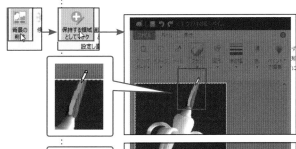

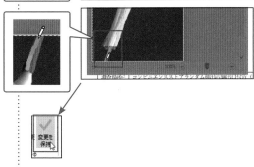

1 MOS 5.1.5 スクリーンショットを挿入する。

対象	Word：1ページ3行目にカーソル
操作	❶ [挿入]−[スクリーンショットをとる]で，「ウリノキの花」のサムネイルをクリック

2 Advance 不要な部分をトリミングする。

対象	画像（ウリノキの花）
操作	❶ [図ツール]−[書式]の[トリミング]から「トリミング」 ❷ トリミングマーカーをポイントし，不要な部分をドラッグ

※次の操作で背景を削除するので，花のまわりの色をできるだけ1色（ここでは黒色）になるようにしておく。

3 MOS 5.2.3 画像の背景を削除する。

対象	画像（ウリノキの花）
操作	❶ [図ツール]−[書式]−[背景の削除] ❷ 削除される範囲が反転して示されることを確認 ❸ [背景の削除]−[保持する領域としてマーク]で図のように茎の部分をドラッグ ❹ 同様にめしべの部分をドラッグ ❺ [背景の削除]−「背景の削除を終了して変更を保持する」で終了

※花の背面（黒色）が削除され透明になる。
※ドラッグした部分の色（緑や白）を保持できる。

4 MOS 5.2.3 画像を調整して背面に置く。

対象	画像（ウリノキの花）
操作	❶ [図ツール]−[書式]−[色]で「ウォッシュアウト」 ❷ 画像右上の[レイアウトオプション]で「背面」 ❸ 画像を拡大し，1ページ目の中央にバランスよく配置

5 文書の書式・レイアウト

けやきジャーナル社では，読者サービスの一環として本紙のほかに月 1 回「杜の都のプチ通信・けやきジャーナル」を発行しており，あなたは睡眠について特集する第 108 号を作成することになりました。A4 サイズ 2 ページで構成します。

互換性チェック
下位バージョン形式保存

ページ設定
（余白，ヘッダーフッターの距離，行数文字数）

アート
効果
色

縦書きテキストボックス
テキストファイルのインポート
テキストボックスの書式設定
縦中横

図の配置
図の効果

ヘッダー

スタイル
セット

改ページ

並べ替え

段組み

縦書きテキストボックス
Word ファイルのインポート
テキストボックスの書式設定

ページ番号

図形の挿入と書式設定
反転，回転，
テキストの追加
重なりの順序

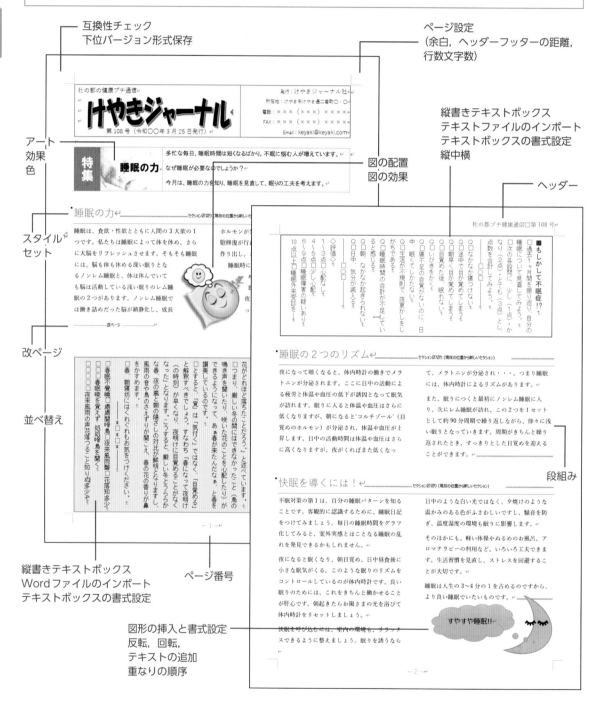

●ダウンロードデータから「例題 05_けやきジャーナル」を開く。（A4・縦向き・余白 / 標準）

《 学習内容 》	ここでは主に余白などのページ設定と，段組みやテキストボックスによる紙面レイアウトの工夫，さらに図形や図の配置のテクニックを学習しよう。
	●ページのレイアウト：☑ページ設定(余白など)　☑スタイルセット　☑段組み 　　　　　☑テキストボックス　☑テキストのインポート　☑ヘッダー　☑ページ番号 ●図・図形：☑回転と反転　☑配置　☑文字列の折り返し　☑重なりの順序 　　　　　☑テキストの追加

❶ ページ設定を変更しよう

▶ ページ設定では，用紙サイズや余白など文書全体の書式を設定する。
文章入力後でも変更できるが，書式が決まっていたり，図や表が挿入されたりするような場合は，先にページ設定しておくと全体のレイアウトをとりやすい。

▶ ページ設定の既定値は次のとおり。
・用紙サイズ：A4
・印刷の向き：縦
・余白：標準
　上 35mm，
　下左右各 30mm
・行数：36 行
・文字数：40 字
・フォントサイズ：
　10.5pt

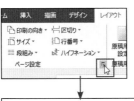
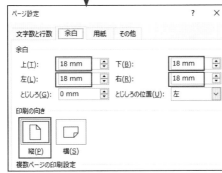

1 MOS 1.2.1 ページ設定を変更する。

対象	文書全体 (カーソルはどこでもよい)
操作	❶ [レイアウト]-[ページ設定] ❷「ページ設定」の「用紙」で 　用紙サイズ：A4(確認) ❸「余白」で 　余白　上下左右：各 18mm 　印刷の向き：縦(確認) ❹「文字数と行数」で 　文字数と行数の指定： 　　文字数と行数を指定する 　文字数：46 　行数：42 ❺「その他」で 　ヘッダーとフッター／ 　　用紙の端からの距離 　　　ヘッダー：8mm 　　　フッター：5mm

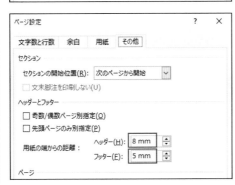

② スタイルセットを利用しよう

> 「スタイルセット」は，見出し1や表題などの「スタイル」(p11参照)を組み合わせたもので，スタイルセットを適用するとスタイルが一括して差し替えられる。

※ここでは，設定済みの見出し1や全体の行間が一括して変更される。

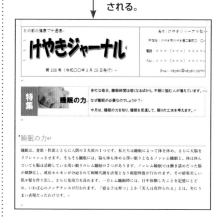

※ここではタイトルとリード文について，スタイルセットによる影響を解除する。

1 MOS 1.2.2 スタイルセットを適用する。

対象	文書全体 （カーソルはどこでもよい）
操作	❶ ［デザイン］－［ドキュメントの書式設定］から「線（シンプル）」

2 Basic 一部の行間を変更する。

対象	1〜10行目を選択
操作	❶ ［ホーム］－［段落の設定］ ❷ 「段落」で， 　間隔／段落後：0pt 　行間：1行

③ 段組みを設定し改ページを挿入しよう

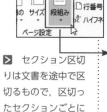

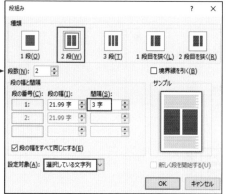

> セクション区切りは文書を途中で区切るもので，区切ったセクションごとに異なるページ設定ができる。

1 MOS 2.3.1 2段組みを設定する。

対象	1ページ12〜18行目（睡眠は，〜表現だったわけです。）を選択
操作	❶ ［レイアウト］－［段の追加または削除］で［段組みの詳細設定］ ❷ 「段組み」で， 　種類：2段 　段の幅と間隔／間隔：3字 　設定対象：選択している文字列

▶ 段組みでは文字量に応じて自動的に次の段に送られるが，「段区切り」を使えば任意の位置で文章を次の段に送ることができる。

※段組みの前後に自動的に「セクション区切り」が挿入され，前後の文章とは区切られる

▶ セクション区切りを表示するため，[ホーム]－[編集記号の表示／非表示]をオンの状態にしておく。

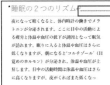

2 MOS 2.3.1 段組みを繰り返す。

対象	1ページ28～35行目(夜になって～迎えることができます。)を選択
操作	[F4]キー(直前操作繰り返し)

▶ ここでは任意の場所にセクション区切りを挿入してから段組みすることを試みているが，2～12行目を選択して[F4]キーで繰り返してもよい。

3 MOS 2.3.2 セクション区切りを挿入する。

対象	2ページ2行目行頭にカーソル(「不眠対策…」の前)
操作	❶[レイアウト]－[ページ／セクション区切りの挿入] ❷「現在の位置から開始」
対象	2ページ12行目行末にカーソル(「…いたいものです。」の後)
操作	[F4]キー(直前操作繰り返し)

4 MOS 2.3.3 セクションを2段組みにする。

対象	6セクション内にカーソル(「不眠対策…」の段落内)
操作	❶[レイアウト]－[段の追加または削除]から[段組みの詳細設定] ❷「段組み」で，種類：2段 段の幅と間隔／間隔：3字 設定対象：このセクション

▶ ページ内にある区切り(セクション区切り，段区切り，改ページ)を解除するには，それぞれの編集記号を削除する。

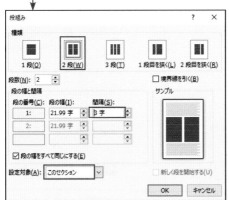

▶ [レイアウト]－[ページ／セクション区切りの挿入]からも改ページを挿入できる。

5 MOS 2.3.2 改ページを設定する。

対象	1ページ27行目行頭にカーソル(「睡眠の2つの…」の前)
操作	[Ctrl]＋[Enter]キー

④ テキストボックスを活用しよう

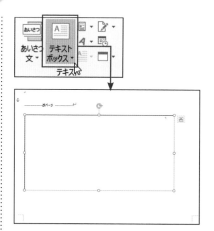

1 [MOS 5.1.6] テキストボックスを挿入する。

対象	1 ページ 26 行目にカーソル
操作	❶ [挿入]-[テキストボックスの選択]の[縦書きテキストボックスの描画] ❷ 改ページ位置より下の空白部分を適宜ドラッグしてテキストボックスを描画

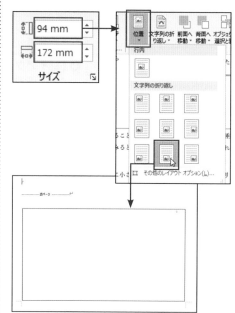

2 [Basic] テキストボックスのサイズを指定する。

対象	テキストボックスを選択 （枠線上をクリック）
操作	❶ [描画ツール]-[書式] ❷ 「サイズ」グループで 図形の高さ：94mm 図形の幅：172mm

3 [MOS 5.4.1] テキストボックスの位置を整える。

対象	テキストボックスを選択 （枠線上をクリック）
操作	❶ [描画ツール]-[書式]の[オブジェクトの配置] ❷ 「中央下に配置し，四角の枠に沿って文字列を折り返す」

> [オブジェクトの配置]では，図形のページ上の位置と同時に「文字列の折り返し（四角）」が設定される。

※[オブジェクトの配置]のボタンには「位置」と書かれている。

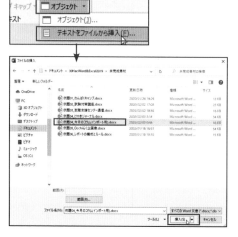

4 [MOS 5.3.1] ファイルから文字列を読み込む。

対象	テキストボックス内にカーソル
操作	❶ [挿入]-[オブジェクト]の[テキストをファイルから挿入] ❷ 「ファイルの挿入」でフォルダーを選択し，Word ファイル「例題 05_ 今月のコラム (インポート用)」を選択

※元ファイルの書式を継承したまま，テキストボックス内に文字列が読み込まれる。

▶ テキストボック
スの枠線を右クリッ
クして［図形の書式
設定］を選んでもよ
い。

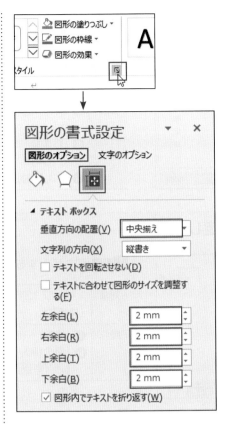

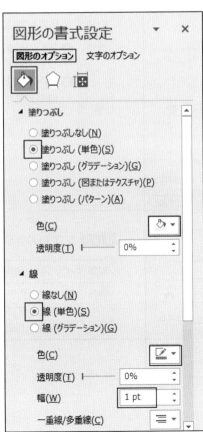

5 `MOS 5.2.4` テキストボックスの書式を設定する。

対象	テキストボックスを選択 （枠線上をクリック）
操作	❶ ［描画ツール］−［書式］で［図形の書式設定］ ❷ 「図形の書式設定」−「図形のオプション」の■（レイアウトとプロパティ）で， 　垂直方向の配置：中央揃え 　左右上下　各余白：2mm ❸ 「図形の書式設定」−「図形のオプション」の◆（塗りつぶしと線）で， 　塗りつぶしの色：単色 　色：オレンジ，アクセント 2， 　　　白＋基本色 80% 　線：単色 　色：オレンジ，アクセント 2 　幅：1pt

6 `Basic` 2つ目のテキストボックスを作成する。

対象	2 ページ 1 行目にカーソル
操作	❶ 2 ページ上部に縦書きテキストボックスを描画 ❷ 上述の **2**〜**5** に倣い，次のとおり設定 　サイズ／縦：61.98mm 　　　　　　横：172mm 　位置：中央上に配置し，四角の枠に沿って文字列を折り返す 　読み込むファイル： 　　テキストファイル「例題 05_ 　　不眠症 (インポート用)」 　垂直方向の配置：中央揃え 　左右上下　各余白：2mm 　塗りつぶし：なし 　線：単色(紫)，幅：1pt 　フォントの色：紫 　1 行目：12pt，太字

▶ 半角文字は縦書きでは90度回転してしまうが、[縦中横]で縦向きにできる。ただし F4 キーで繰り返しはできない。

▶ 縦中横を解除するときは、「縦中横」ダイアログにある[解除]

7 Advance 縦中横を設定する。

対象	2つ目のテキストボックス内 1行目の「!?」（文字列選択） 最終行の「10」
操作	❶ [ホーム]−[拡張書式]で[縦中横] ❷「縦中横」でプレビューを確認して[OK] ❸「10」に対しても同様

⑤ 図を挿入し書式を設定しよう

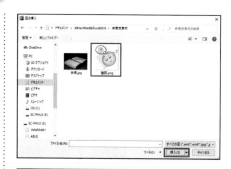

1 MOS 5.1.2 図を挿入する。

対象	1ページ12行目にカーソル （「睡眠は、…」の前）
操作	❶ [挿入]−[画像] ❷「図の挿入」でフォルダーを指定し、「睡眠」を選択

▶ 縦横比を固定している場合は、高さか幅かどちらかを指定すればよい。

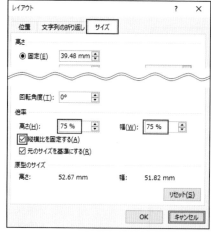

2 MOS 5.2.4 図のサイズを変更する。

対象	イラスト（睡眠）を選択
操作	❶ [図ツール]−[書式]で[レイアウトの詳細設定：サイズ] ❷「レイアウト」の「サイズ」タブで、 　倍率／高さ 75% 　　　　幅　 75% ❸ 縦横比を固定する：☑

▶ 図を選び、[レイアウトオプション]を利用してもよい。

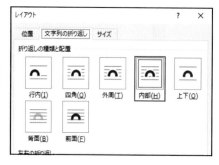

3 MOS 5.4.1 文字列の折り返しを設定する。

対象	イラスト（睡眠）を選択
操作	❶「レイアウト」で「文字列の折り返し」タブに切り替えて 　折り返しの種類と配置：内部

▶ ［レイアウトの
オプション］で「詳細
表示」，あるいは［図
ツール］－［書式］の
［位置］の「その他の
レイアウトオプショ
ン」を利用してもよ
い。

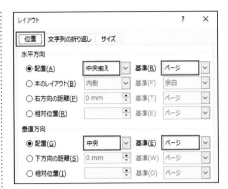

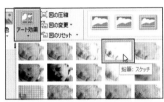

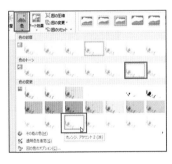

4 [MOS 5.4.1] 図の配置を設定する。

対象	イラスト(睡眠)を選択
操作	❶「レイアウト」の「位置」タブに切り替えて， 　水平方向　配置：中央揃え 　　　　　　基準：ページ 　垂直方向　配置：中央 　　　　　　基準：ページ

5 [MOS 5.2.2] 図の効果(影)を設定する。

対象	イラスト(睡眠)を選択
操作	❶［図ツール］－［書式］ ❷［図の効果］から「影のオプション」 ❸「図の書式設定」の◻(効果)の「影」で， 　標準スタイル：外側／オフセット左下 　距離：6pt

6 [MOS 5.2.1] アート効果を設定する。

対象	「特集」部分の写真を選択
操作	❶［図ツール］－［書式］ ❷［アート効果］から「鉛筆：スケッチ」

7 [MOS 5.2.1] 色を変更する。

対象	「特集」部分の写真を選択
操作	❶［図ツール］－［書式］の［色］ ❷《色のトーン》で「温度：8800K」 ❸《色の変更》で「オレンジ，アクセント 2 (淡)」

⑥ 図形を挿入し書式を設定しよう

▶ 図形の挿入にあ
たって，カーソルは
2 ページ本文中にあ
ればよい(以降も)。
▶ ドラッグして描
画中のマウスポイン
タは＋に変わる。

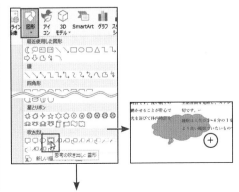

1 [MOS 5.1.1] 図形(吹き出し)を描画する。

対象	2 ページ 24 行目にカーソル (「夜になると…」の行)
操作	❶［挿入］－［図形］ ❷《吹き出し》の中から「思考の吹き出し：雲形」を選択 ❸ 2 ページ下にドラッグで描画

▶ 図形は文字列の折り返しが「前面」で挿入される。

▶ 円や四角形など、'面'をもつ図形にはテキストを入力できる。

▶ 図形やアイコンが複数ある場合、前後の重なりは後から挿入されたものが順々に前面に配置される。

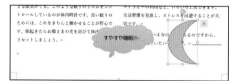

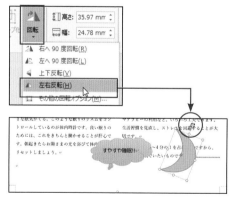

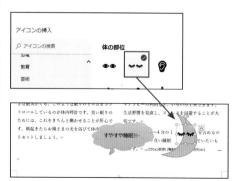

2 MOS 5.2.4 吹き出しにスタイルを適用する。

対象	図形(雲形)を選択
操作	❶ [描画ツール] − [書式]で「図形のスタイル」から「パステル - 灰色, アクセント 3」

3 MOS 5.3.2 図形にテキストを追加する。

対象	図形(雲形)
操作	❶「すやすや睡眠!!」と入力 ❷ フォント：メイリオ フォントサイズ：12pt

4 MOS 5.2.2 図形(月)を描画しスタイルを適用する。

対象	2 ページ 24 行目にカーソル（「夜になると…」の行）
操作	❶ [挿入] − [図形] ❷《基本図形》の中から「月」を選択 ❸ 2 ページ下にドラッグで描画 ❹ [描画ツール] − [書式]で「図形のスタイル」から「塗りつぶし - ゴールド, アクセント 4」

5 MOS 5.2.4 図形(月)を反転し、回転する。

対象	図形(月)を選択
操作	❶ [描画ツール] − [書式] ❷「オブジェクトの回転」から「左右反転」 ❸ 月の上側にある回転ハンドルをポイントし、少し斜めになるように適宜ドラッグして回転

6 Basic アイコン(まぶた)を挿入して編集する。

対象	2 ページ 24 行目にカーソル（「夜になると…」の行）
操作	❶ [挿入] − [アイコン] ❷「体の部位」から「👁👁」を選んで[挿入] ❸「レイアウトオプション」から「前面」 ❹ 適宜サイズを縮小し、月の手前に移動

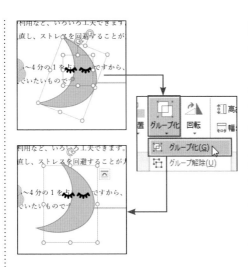

> グループ化することで，複数の図形を1つの図形として扱うことができる。

> グループ化を解除するには，[グループ化]で[グループ解除]

7 Advance 図形（月とまぶた）をグループ化する。

対象	図形（まぶた）を選択 Shift を押しながら月を選択
操作	❶ [描画ツール] － [グループ化] ❷ 「グループ化」を選択

8 MOS 5.2.4 図形を移動する。

対象	吹き出し　および　月＋まぶた
操作	❶ 完成例を参照し，適宜ドラッグで移動

9 MOS 5.4.1 文字例の折り返しを設定する。

対象	図形（吹き出し）
操作	❶ [レイアウトオプション]から「内部」を選択（「四角形」でもよい）

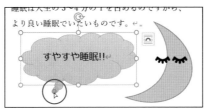

10 MOS 5.2.4 図形（吹き出し）を変形する。

対象	図形（吹き出し）を選択
操作	❶ 吹き出しの端にある変形ハンドル（黄色）をポイント ❷ 月の口元をイメージして移動 ❸ 吹き出しが月の背面にあることを確認

11 MOS 5.2.4 重なりに順序を変更する。

対象	図形（吹き出し）を選択
操作	❶ [描画ツール] － [書式] ❷ 「前面へ移動」から「最前面へ移動」

⑦ ヘッダー・フッター・ページ番号を挿入しよう

▶ ページ設定においてヘッダーフッターの用紙からの距離を小さくしたので，組み込みのページ番号をページの下部から選んでそのまま挿入すると，ページ番号が余白に収まらず本文側にかかってしまう。そこでいったんフッターにカーソルを移動し，その位置に挿入している。

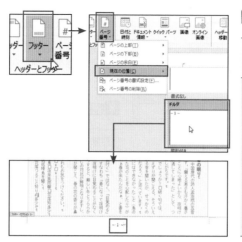

▶ ヘッダー／フッターエリアと本文エリア間でカーソルを移動するには，エリア内をダブルクリックする方法もある。

▶ 前と同じ があると前のセクションの状態を引き継ぐ。

▶ ここでは「先頭ページのみ別指定」や「奇数偶数別指定」を利用するとページ番号が連続しない。

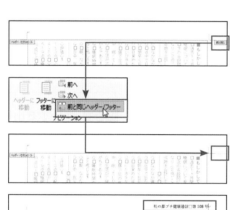

▶ ページ番号の開始の数字を変更するには，「ページ番号の書式設定」を利用する。

1 [MOS 1.2.3] ページ番号を挿入する。

対象	文書全体 （カーソルはどこでもよい）
操作	❶ [挿入] － [フッター] ❷ 「フッターの編集」で，カーソルをフッターエリアに移動 ❸ [ヘッダーフッターツール] － [デザイン]で[ページ番号] ❹ 「現在の位置」から「チルダ」を選択 ❺ ページ番号を選択し，10.5pt,中央揃え

2 [MOS 1.2.3] 偶数ページにヘッダーを挿入する。

対象	2ページ目ヘッダーにカーソル
操作	❶ [ヘッダー／フッターツール] － [デザイン]で「前と同じヘッダー／フッター」をオフ （ 前と同じ が非表示になる） ❷ 「杜の都健康プチ通信 第108号」と入力し，右揃え ❸ [ヘッダー／フッターツール] － [デザイン]で「ヘッダーとフッターを閉じる」

3 [Basic] 複数ページを表示して全体を確認する。

対象	文書全体 （カーソルはどこでもよい）
操作	❶ [表示] － [複数ページ] ❷ ステータスバー上の +（拡大），-（縮小）を利用して，2ページ全体が表示されるように適宜表示倍率を整え，ヘッダー，フッターを確認

※次のステップに進む前にいったん保存しておく。

▷ 互換チェックは，他のユーザーや複数のパソコン間でファイルをやり取りしたりする場合に，以前のバージョンでサポートされていない機能が文書中に含まれていないかをチェックする。

▷ チェックできるバージョンは，Word97-2003，Word2007およびWord2010で，[表示するバージョンを選択]で指定できる。

▷ 下位バージョン形式で保存すると内容によって少しレイアウトの位置ずれなどが生じる場合がある。

▷ 互換モードは下位バージョンと同じ機能や書式を使って編集できるように，新しい機能を制御している。

▷ 開いたファイルが下位バージョンで保存されたファイルだった場合，互換モードで開かれる（タイトルバーに[互換モード]と表示される）。[ファイル]-[情報]の「互換モード」をクリックすると互換モードを解除できる。

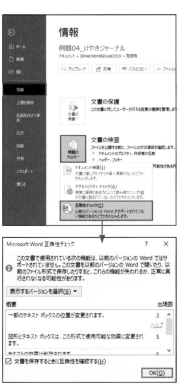

① [MOS 1.4.3] 文書の互換性をチェックする。

対象	文書全体 （カーソルはどこでもよい）
操作	❶ [ファイル]-[情報] ❷ [問題のチェック]で「互換性チェック」

② [MOS 1.3.1] 別のファイル形式で保存する。

対象	文書全体 （カーソルはどこでもよい）
操作	❶ [ファイル]-[エクスポート] ❷ [ファイルの種類の変更]で「Word97-2003文書」を指定し，[名前を付けて保存] ❸ 「名前を付けて保存」ダイアログボックスで保存先フォルダーを指定 ❹ ファイルの種類が「Word97-2003文書」であることを確認し[保存] ❺ 互換性チェックが行われたら[OK] ❻ 保存後，[ファイル]-[情報]で互換モードになったことを確認（タイトルバーにも[互換モード]と表示される）

※互換モードでは図形の変更などの影響で2ページに収まらない。図形のサイズや位置を工夫して2ページに収め，上書き保存する。

例題 06 **次の文書を作成しよう** （ファイル名：例題 06_Occhi らく企画書）

健康サービス事業部のあなたは，新しいサービスについて企画書を作成することになりました。A4 サイズ 5 ページで構成します。

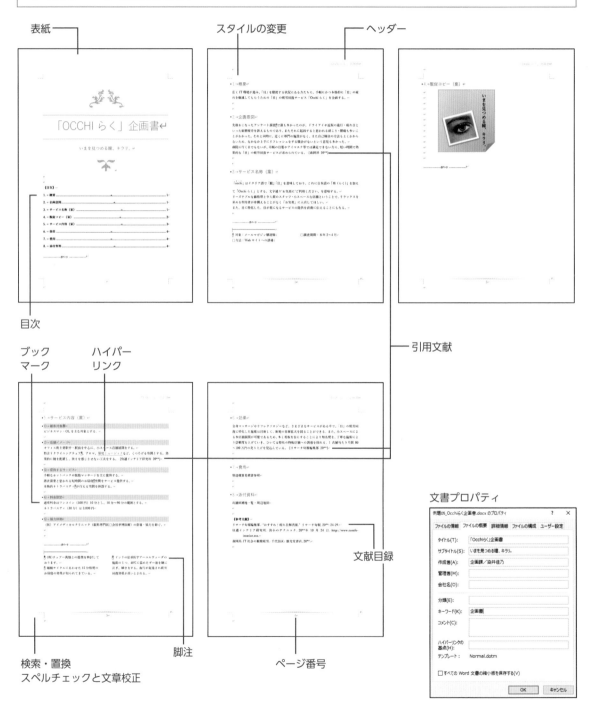

表紙

スタイルの変更

ヘッダー

目次

ブックマーク

ハイパーリンク

引用文献

文書プロパティ

文献目録

検索・置換
スペルチェックと文章校正

脚注

ページ番号

●ダウンロードデータから「例題 06_Occhi らく企画書」を開く。（A4・縦向き・余白 / 標準）

《 学習内容 》	ここでは長文作成時に便利な機能と，参考とする資料の活用について学習しよう。
	●長文機能：☑表紙の挿入　☑ヘッダーフッター　☑スタイルの適用と変更 　　　　　　☑文書内の移動　☑検索と置換　☑文章校正 ●参考資料：☑脚注　☑資料文献　☑引用文献　☑参考文献一覧　☑目次 　　　　　　☑文書のプロパティ

① 表紙を挿入しよう

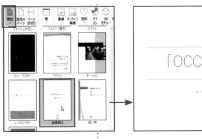 

▶ 組み込みスタイルから表紙を選ぶと，入力のためのコンテンツコントロールが用意されている。

1 `Advance` 文書の表紙を挿入する。

対象	カーソルはどこでもよい
操作	❶ [挿入] − [表紙]から「金線細工」を選ぶ。 ❷ 項目の枠（コンテンツプレースホルダー）に次のとおり入力 　タイトル：「Occhi らく企画書」 　サブタイトル： 　　いまを見つめる瞳、キラリ。 ❸ ページ下部のテキストボックスの枠線をクリックして選択し，Delete（日付，会社名，会社の住所をまとめて削除）。

② 文書のプロパティを設定しよう

▶ 「プロパティ」は「属性」のこと。性質や特徴などを表し，ファイル一覧時に表示したり，文書検索時に利用したりできる。

▶ 文書のプロパティには，作成者，タイトルなど自由に設定できるものと，ファイルサイズや作成日時など自動更新されてユーザーが変更できないものとがある。

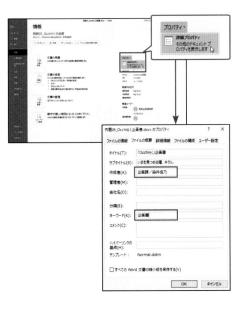

1 `MOS 1.3.2` 文書のプロパティを追加する。

対象	カーソルはどこでもよい
操作	❶ [ファイル] − [情報] ❷ [プロパティ]から「詳細プロパティ」 ❸ 「例題 05_Occhi らく企画書のプロパティ」の「ファイルの概要」に次のとおり追加入力 　作成者：企画課／染井佳乃 　キーワード：企画書 ❹ [OK]で戻り，プロパティを確認 ※終わったら⟵で編集画面に戻る。

※組み込みスタイルのコンテンツコントロールは文書のプロパティと連携している。

③ ヘッダー・フッター・ページ番号を挿入しよう

▶「ビューマスター」にはタイトルのプレースホルダーがデザインされているので，タイトルが自動的に挿入される。

※プロパティにあるタイトルが設定される

1 MOS 1.2.3 ヘッダーを挿入する。

対象	2ページにカーソル（何行目でもよい）
操作	❶［挿入］－［ヘッダー］から「ビューマスター」

▶ 組み込みのページ番号パーツなので，自動的に線（図形）とページ番号が挿入される。

▶ ページ番号の開始を変更するときは，［ページ番号］－［ページ番号の書式設定］で「開始番号」の数値を変える。

※カーソルがフッターにジャンプ

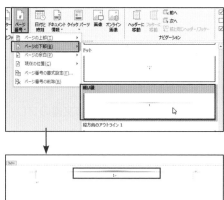

2 MOS 1.2.3 ページ番号を挿入する。

対象	2ページにカーソル（何行目でもよい）
操作	❶［ヘッダー／フッターツール］－［フッターに移動］ ❷［ヘッダー／フッターツール］－［ページ番号］ ❸「ページの下部」で「細い線」

▶［挿入］－［表紙］で組み込みスタイルを利用すると，自動的に「先頭ページのみ別指定」が☑になる。

▶ 改ページや［空白のページ］を利用して表紙を作成した場合は，自分で「先頭ページのみ別指定」を☑にする必要がある。

☑ 先頭ページのみ別指定
☐ 奇数/偶数ページ別指定
☑ 文書内のテキストを表示
オプション

3 Advance 表紙の別指定を確認する。

対象	1ページ目（表紙）
操作	❶［ヘッダー／フッターツール］で「先頭ページのみ別指定」が☑であることを確認 ❷表紙ページにヘッダーやページ番号がないことを確認 ❸2ページ目のページ番号が「1」から始まることを確認 ❹［ヘッダー／フッターツール］－［ヘッダーとフッターを閉じる］で本文に戻る

④ スタイルを変更しよう

> ▶ 書式が変更されると，同じスタイルを適用した部分が一括して変更される。

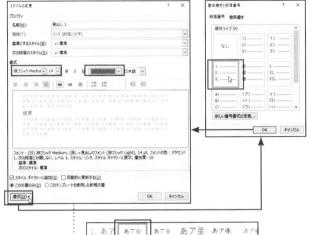

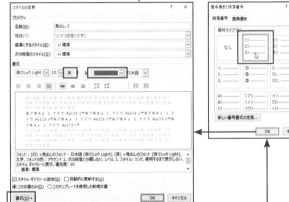

1 MOS 2.2.4 見出し1スタイルの書式を変更する。

対象	2ページ1行目にカーソル
操作	❶ ［ホーム］－［スタイル］の「見出し1」で右クリックし［変更］ ❷ ［スタイルの変更］で， 　フォント：游ゴシック Medium 　サイズ：14pt 　フォントの色：青，アクセント1 ❸ 左下の［書式］で「箇条書きと段落番号」 ❹ 「箇条書きと段落番号」で， 　「1.　2.　3.」を選択して［OK］ ❺ 「スタイルの変更」に戻ったら［OK］

2 MOS 2.2.4 見出し2スタイルの書式を変更する。

対象	3ページ（ページ番号：2）17行目にカーソル
操作	❶ ［ホーム］－［スタイル］の「見出し2」で右クリックし［変更］ ❷ ［スタイルの変更］で， 　フォント：游ゴシック Light 　サイズ：10.5pt 　フォントの色：青，アクセント1 ❸ 左下の［書式］で「箇条書きと段落番号」 ❹ 「箇条書きと段落番号」で， 　「1)　2)　3)」を選択して［OK］ ❺ 「スタイルの変更」に戻ったらもう一度［書式］で「罫線と網かけ」 ❻ 「線種とページ罫線と網かけの設定」の「網かけ」タブで， 　背景の色：ブルーグレー，テキスト2，白＋基本色80% 　設定対象：段落 ❼ ［OK］で「スタイルの変更」に戻り，［OK］

脚注を挿入しプロパティを変更しよう

5 脚注を挿入しプロパティを変更しよう

▶ 「脚注」は単語の後ろに記号をつけて，ページ下に説明や補足をする。

▶ 本文と脚注内容とで，脚注番号をダブルクリックすると当該箇所同士でカーソルが行き来する。

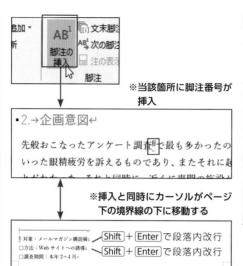

※当該箇所に脚注番号が挿入

※挿入と同時にカーソルがページ下の境界線の下に移動する

▶ 脚注番号は自動的に連続番号が振られる。

▶ 挿入された本文中の脚注番号をポイントすると，脚注内容が表示される。

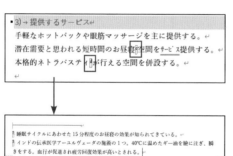

▶ 「文末脚注」は脚注内容の記述位置がセクションや文書の最後となる。

▶ 本文中の脚注番号を削除すると，脚注内容も同時に削除される。

※脚注と異なる記号で挿入

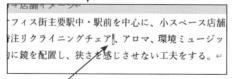

※文書末に境界線が表示される

---

1 〔MOS 4.1.1〕 1つめの脚注を挿入する。

対象	2ページ(ページ番号：1)7行目「アンケート調査」の後ろにカーソル
操作	❶[参考資料]－[脚注の挿入] ❷脚注の境界線の下に次のとおり内容を入力 「対象：メールマガジン購読層(段落内改行) 方法：Webサイトへの誘導(段落内改行) 調査期間：本年2～4月」

2 〔MOS 4.1.1〕 2つ目，3つ目の脚注を挿入する。

対象	3ページ(ページ番号：2)27行目「お昼寝」の後ろにカーソル
操作	❶[参考資料]－[脚注の挿入] ❷次のとおり脚注内容を入力 「睡眠サイクルにあわせた15分程度のお昼寝の効果が知られてきている。」

対象	3ページ28行目「ネトラバスティ」の後ろにカーソル
操作	❶[参考資料]－[脚注の挿入] ❷次のとおり脚注内容を入力 「インドの伝承医学アーユルヴェーダの施術の1つ。40℃に温めたギー油を瞼に注ぎ、瞬きをする。血行が促進され疲労回復効果が高いとされる。」

3 〔MOS 4.1.1〕 文末脚注を挿入する。

対象	3ページ22行目「リクライニングチェア」の後ろにカーソル
操作	❶[参考資料]－[文末脚注の挿入] ❷文末脚注の境界線の下に次のとおり内容を入力 「(株)チェアー萬様との提携を検討しております。」

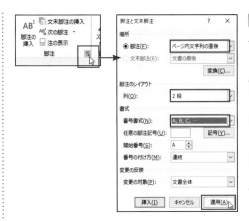

4 MOS 4.1.2 脚注のプロパティを変更する。

対象	2ページ目（ページ番号：1）の最後（脚注内容部分にカーソル）
操作	❶［参考資料］－［脚注と文末脚注］ ❷「脚注と文末脚注」で， 　脚注：ページ内文字列の直後 　列：2段 　番号書式：A, B, C, … ❸［適用］をクリック

> 文末脚注が脚注に変換され，記号の連番が振りなおされる。

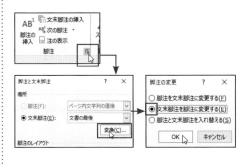

5 MOS 4.1.2 文末脚注を脚注に変更する。

対象	文書末（脚注内容部分にカーソル）
操作	❶［参考資料］－［脚注と文末脚注］ ❷「脚注と文末脚注」で，［変換］ ❸「脚注の変更」で 　「文末脚注を脚注に変更する」

⑥ 資料文献を活用しよう

> 論文や報告書を作成する場合，参考にした書籍や記事，Web サイトなどの出典元を明示する必要がある。

> 「資料文献」は参考にした文書情報のことをいう。

> 資料文献を登録しておくと，文書作成中に引用文献として簡単に挿入できるので便利。なおマスターリストに登録があるものは別の文書でも利用できる。

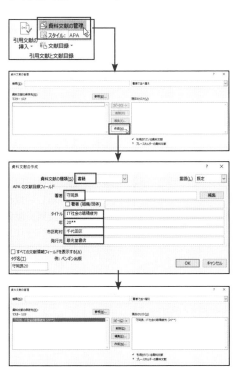

1 MOS 4.1.3 資料文献を作成する。

対象	文書全体 （カーソルはどこでもよい）
操作	❶［参考資料］－［資料文献の管理］ ❷「資料文献の管理」で，［作成］ ❸「資料文献の作成」で， 　資料文献の種類：書籍 　著者：守岡昂 　タイトル：IT社会の眼精疲労 　年：20** 　市区町村：千代田区 　発行元：眼光堂書店 ❹［OK］で「資料文献の管理」に戻り文献が登録されたことを確認し，［閉じる］

▶ 資料文献を削除するには、「資料文献の編集」で現在のリストから選んで[削除]。
他の文書でも利用しない場合はマスターリストからも削除する。

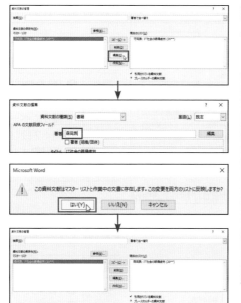

▶ 「引用文献」は、文書中に著者名や発行年など出典を明示することをいう。

▶ 引用文献をポイントすると、薄いグレーの反転になる。

[・森岡昂,20**]↵

クリックするとプレースホルダーで挿入されていることがわかる。

[森岡昂,20**]

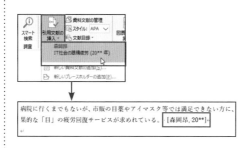

▶ 挿入した引用文献を削除するには、プレースホルダー左の⠿をクリックして Delete （引用文献が削除されても資料文献は削除されない）。

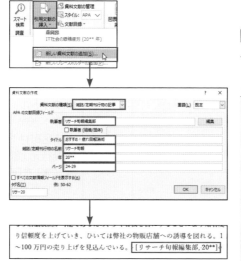

---

2 MOS 4.1.3 資料文献を変更する。

対象	文書全体 （カーソルはどこでもよい）
操作	❶ ［参考資料］－［資料文献の管理］ ❷ 「資料文献の管理」で、「守岡昂；IT社会の眼精疲労 (20**)」を選択して［編集］ ❸ 「資料文献の編集」で、 　著者：森岡昂 　に変更して［OK］ ❹ メッセージを確認して［はい］ ❺ 「資料文献の管理」で、《マスターリスト》と《現在のリスト》とも変更されたことを確認し、［閉じる］

3 MOS 4.1.4 登録済みの引用文献を挿入する。

対象	2ページ12行目「…求めれている。」の後ろにカーソル
操作	❶ ［参考資料］－［引用文献の挿入］ ❷ 登録済みの「森岡昂　IT社会の眼精疲労 (20** 年)」を選ぶ

4 MOS 4.1.4 新しい引用文献を挿入する。

対象	4ページ15行目「…見込んでいる。」の後ろにカーソル
操作	❶ ［参考資料］－［引用文献の挿入］ ❷ 「新しい資料文献の追加」 ❸ 「資料文献の作成」で、 　資料文献の種類： 　　雑誌 / 定期刊行物の記事 　執筆者：リサーチ旬報編集部 　タイトル： 　　おすすめ！疲れ目解消術 　雑誌 / 定期刊行物の名前： 　　リサーチ旬報 　年：20** 　ページ：24-29

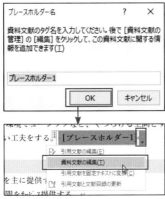

> 文献目録の書き方にはいろいろなスタイルがあり，分野ごとにおおよそ使うスタイルがあるので，作成した文書にあったスタイルを選ぶとよい。

5 MOS 4.1.4 プレースホルダーから登録する。

対象	3 ページ 23 行目「…工夫をする。」の後ろにカーソル
操作	❶ [参考資料] − [引用文献の挿入] ❷ 「新しいプレースホルダーの追加」 ❸ 「プレースホルダー名」で，そのままの名前で[OK] ❹ プレースホルダーの ▾ (引用文献のオプション)をクリック ❺ 「資料文献の編集」で， 　資料文献の種類：Web サイト 　執筆者： 　　快適インテリア研究所 　Web ページの名前： 　　狭小のテクニック 　Web サイトの名前： 　　快適インテリア 　年：20** 　月：10 　日：24 　URL：http:// 　www.comfo-interior.xxx

6 MOS 4.2.3 参考文献一覧を挿入する。

対象	文書末(4 ページ 27 行目，《参考文献》の次の行)
操作	❶ Ctrl + End で，カーソルを文書末に移動 ❷ [参考資料] − [スタイル]で「Chicago」を選択 ❸ [参考資料] − [スタイル]の[文献目録] ❹ 「文献目録の挿入」

⑦ 目次を作成し更新しよう

▶ ここでは1ページ目に目次を挿入したいので，組み込みの表紙で設定されていたイラストの段落前の間隔を少し詰めることとする。

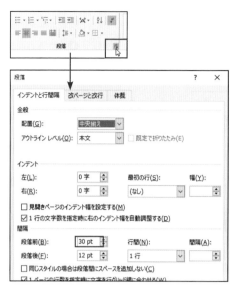

▶ 目次フィールドを[Ctrl]を押しながらクリックすると，本文中の見出し部分へジャンプする。

1 Basic 行間を詰める。

対象	1ページ（表紙）の1行目
操作	❶ [ホーム] − [段落の設定] ❷「段落」で， 　間隔／段落前：30pt

対象	1ページ（表紙）の4行目
操作	❶ [ホーム] − [段落の設定] ❷「段落」で， 　間隔／段落前：12pt

2 MOS 4.2.1 組み込みの目次を挿入する。

対象	1ページ最終行（改ページの前）にカーソル
操作	❶ [参考資料] − [目次] ❷《組み込み》から「自動作成の目次1」

3 MOS 4.2.1 目次を利用してジャンプする。

対象	目次フィールド
操作	❶ [Ctrl]を押しながら目次の項目をクリック

4 MOS 4.2.1 目次を削除する。

対象	1ページ（文書内どこでもよい）
操作	❶ [参考資料] − [目次] ❷「目次の削除」

> 目次作成時に指定する「アウトラインレベル」は，スタイルの「見出し1」「見出し2」…と対応する。

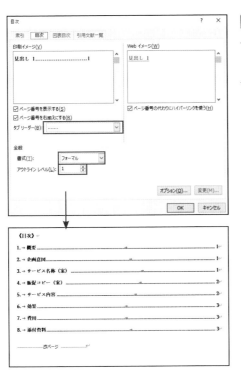

5 [MOS 4.2.2] ユーザー設定の目次を作成する。

対象	1ページ(表紙)の5行目(改ページの前)にカーソル
操作	❶ 2行改行し，7行目に《目次》と入力して，太字にする ❷ Enter で改行(8行目) ❸ [参考資料]－[目次] ❹ 「ユーザー設定の目次」 ❺ 「目次」で， 　タブリーダー：…… 　書式：フォーマル 　アウトラインレベル：1

> 自動的に連番をふるため，見出しの段落番号の前にカーソルが置けない。「サービス」の前でよい。

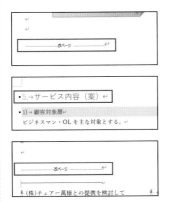

6 [MOS 2.3.2] 改ページでページ構成を変更する。

対象	3ページ16行目(「5. サービス内容」の前)にカーソル
操作	❶ Ctrl + Enter ❷ 「サービス内容(案)」と変更
対象	4ページ22行目(「6. 効果」の前)にカーソル
操作	Ctrl + Enter (改行のみ)

> ここでは改ページによりページ番号が変わっており，さらに見出し「5. サービス内容」の後ろに「(案)」が加わったので，ページ番号だけでなくすべて更新する必要がある。

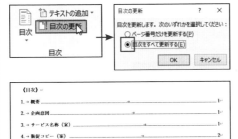

7 [MOS 4.2.1] 目次を更新する。

対象	目次フィールド内にカーソル(薄いグレー反転)
操作	❶ [参考資料]－[目次] ❷ 「目次の更新」 ❸ 「目次の更新」で， 　「目次をすべて更新する」

⑧ 文書内を移動しよう

検索結果

> ▸ ナビゲーション
ウィンドウは，[Ctrl]
+[F]でも表示でき
る。

> ▸ ナビゲーション
ウィンドウで「見出
し」に切り替えると，
見出しスタイル一覧
が表示され，クリッ
クで当該見出しに
ジャンプできる。

> ▸ 「検索と置換」
の「ジャンプ」タブを
開くには，[Ctrl]+
[G]も手軽である。

> ▸ ジャンプの移動
先には，ページ，セ
クション，表，ブッ
クマークなどがあ
り，文書内で効率よ
く移動できる。

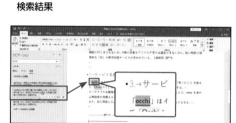

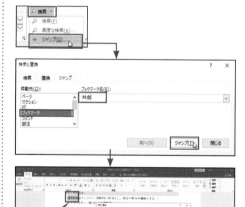

1 [MOS 1.1.1] 文字列を検索してジャンプする。

対象	「Occhi」を検索
操作	❶ [ホーム] − [検索] ❷ 「ナビゲーションウィンドウ」が表示されるので，検索ボックスに「Occhi」と入力 ❸ [Enter]で検索が実行され，結果を表示(全5件) ❹ 検索結果の3番目をクリックすると，該当の箇所にジャンプ

※終了後はナビゲーションウィンドウを閉じる。

2 [MOS 1.1.3] ブックマークを作成する。

対象	4ページ(ページ番号3)の16行目「通常料金」を選択
操作	❶ [挿入] − [ブックマーク] ❷ 「ブックマーク」で，ブックマーク名：料金 ❸ [追加]

3 [MOS 1.1.3] ブックマークでジャンプする。

操作	❶ [ホーム] − [検索]の▾で[ジャンプ] ❷ 「検索と置換」の「ジャンプ」タブで，移動先：ブックマークブックマーク名：料金 ❸ [ジャンプ]

※終了後は「検索と置換」をいったん閉じる。

Word
1章

> 文書にページ番号が挿入されている場合はページ番号を基準に移動。ページ番号が挿入されていない場合は文書の先頭からの枚数を基準に移動する。

> ナビゲーションウィンドウで「ページ」に切り替えると，サムネイルが表示され，クリックで当該ページにジャンプできる。

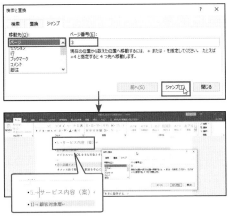

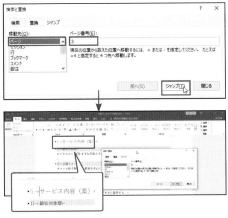

> ハイパーリンクによる移動先（リンク先）には次のものがある。
・文書内の見出しやブックマーク
・全く別のファイル
・指定した Web ページ（ブラウザーが自動的に起動）
・メール作成画面（メールソフトが自動的に起動）

> ハイパーリンクを解除するには，リンクが設定された文字列やオブジェクトを右クリックし，[ハイパーリンクの解除]。

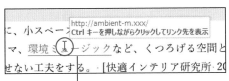

※ハイパーリンクが設定された文字列は，青色で下線がついて表示される。
（書式が設定されたものではない）

---

4 [MOS 1.1.3] ページ番号でジャンプする。

操作	❶ [ホーム]－[検索]の で[ジャンプ] ❷「検索と置換」の「ジャンプ」タブで， 　移動先：ページ 　ページ番号：3 ❸ [ジャンプ]

※終了後は「検索と置換」を閉じる。

5 [MOS 1.1.2] 1つめのハイパーリンクを挿入する。

対象	3ページ（ページ番号2）の写真を選択
操作	❶ [挿入]－[ハイパーリンクの追加] ❷「ハイパーリンクの挿入」で， 　リンク先： 　　このドキュメント内 　ドキュメント内の場所：効果

※図の選択を解除後，図をポイントするとポップヒントにリンク先が表示される。
※Ctrl を押しながら図をクリックするとリンク先へ移動。

6 [MOS 1.1.2] 2つめのハイパーリンクを挿入する。

対象	4ページ（ページ番号3）7行目の「環境ミュージック」
操作	❶ [挿入]－[ハイパーリンクの追加] ❷「ハイパーリンクの挿入」で， 　リンク先： 　　ファイル，Web ページ 　アドレス： 　　http://ambient-m.xxx/

⑨ 文字列を検索・置換しよう

▶ 直前に検索や置換をすると，その条件が「検索と置換」に残っている。ナビゲーションウィンドウで検索した場合（p58参照）も同じ。

▶ 高度な検索をした場合もその条件は「検索と置換」に残っている。このままナビゲーションウィンドウを表示すると，検索文字列と結果が反映されている。

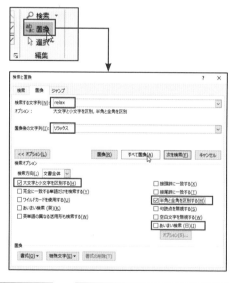

ださい、を意味する。↵
な店舗ということで、relaxを求めしい。↵

→

ださい、を意味する。↵
な店舗ということで、リラックスをてほしい。↵

※2ページ（ページ番号1）18行目

---

1 MOS 2.1.1 大文字小文字を区別して検索する。

対象	「Occhi」を検索
操作	① [ホーム]－[検索]の▾で[高度な検索] ② 「検索と置換」の「検索」タブで，検索する文字列に「Occhi」と入力 ③ [オプション]をクリック ④《検索オプション》で， 　あいまい検索（日）：□（オフ） 　大文字と小文字を区別する：☑ ⑤ [次を検索] ⑥ 順に[次を検索] ⑦ 終了のメッセージが表示されたら[OK]

※表紙のタイトル部分，2ページ目（ページ番号1）の3行目，17行目，ヘッダー部分が順に検索される（全4件）。

※16行目の「occhi」が検索されない。

---

2 MOS 2.1.1 文字列を置換する。

対象	半角小文字の「relax」を全角カタカナの「リラックス」に置換
操作	① [ホーム]－[置換] ② 「検索と置換」の「置換」タブで，検索する文字列に「relax」と入力 ③《検索オプション》で 　あいまい検索（日）：□（オフ） 　大文字と小文字を区別する：☑ 　半角と全角を区別する：☑ ④ [すべて置換] ⑤ 終了のメッセージが表示されたら[OK]

※終了後は「検索と置換」を閉じる。

⑩ スペルチェックと文章校正を実行しよう

> スペルチェックと文章校正は，入力時に自動的に行われ（既定），その時点で下線が表示される。意味するところは次のとおり。

- 赤い波線の下線：つづりの間違い
- 青い二重下線：ら抜きやい抜きや表記ゆれ

わかった時点で都度修正しておくことが望ましい。

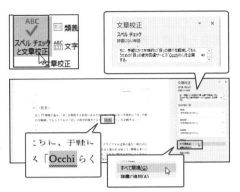

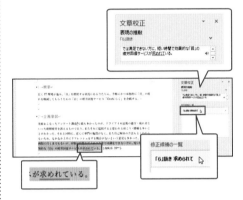

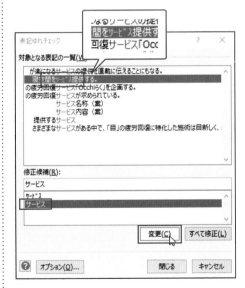

1 Advance スペルチェックと文章校正をする。

対象	文書全体
操作	❶ Ctrl + Home で文書の先頭にカーソルを移動 ❷ [校閲]-[スペルチェックと文章校正] ❸「文章校正」が表示され，《スペルチェック》の結果「Occhi」の場所と修正候補が表示される。ここでは修正不要なので[すべて無視]をクリック ❹ 次いで《表現の推敲》結果と修正候補が表示される。ここでは修正候補から「「ら」抜き 求められて」をクリック ❺ 次いで「表記ゆれチェック」が表示されるので，対象となる表記の一覧から半角の「サービス」を選び，修整候補から全角の「サービス」を選択し，[変更]修正後[閉じる] ❻ 終了のメッセージが表示されたら[OK]

7　文書の校閲と共有

例題 07　次の文書を作成しよう　　（ファイル名：例題 07_ レポートの書き方）

マーケティング部に所属するあなたは，同僚と共同で新入社員向けに「レポートの書き方」をレクチャーする文書を作成しています。A4 サイズ 2 ページで構成します。

※完成例の図は変更履歴反映前もの

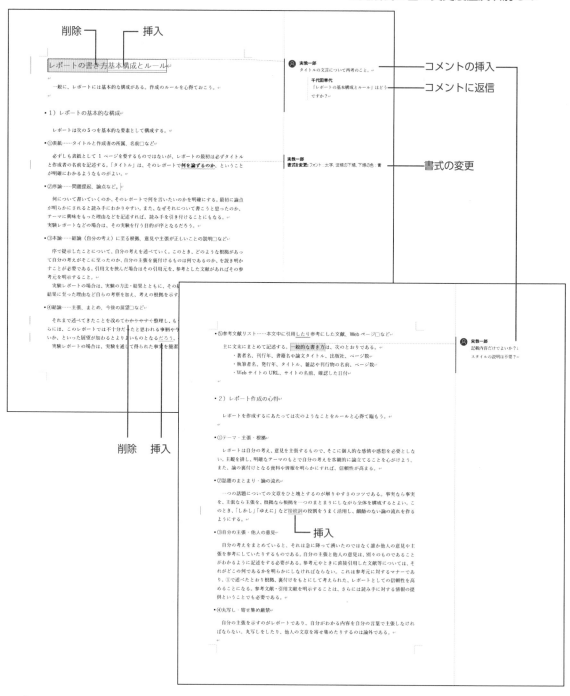

●ダウンロードデータから「例題 07_ レポートの書き方」を開く。（A4・縦向き・余白 / 標準）

《 学習内容 》	ここでは他のユーザーと共同作業をするときに便利な機能について学習しよう。
	●コメント：☑コメントの追加　☑コメントを閲覧／返信　☑コメントに対処 　　　　　☑コメントを削除 ●変更履歴：☑変更履歴の設定　☑変更履歴を記録する／解除する　☑変更履歴を閲覧 　　　　　☑変更履歴を承諾／元に戻す ●印刷, 共有：☑印刷設定　☑ドキュメント検査　☑文書の共有

 ユーザー名を確認しよう

▶ 「ユーザー名」は校閲者の名前として使われる。

▶ Office にサインインしているときはユーザー名を変更しても反映されない。ユーザー名を変更して使うには「Office へのサインイン状態にかかわらず, 常にこれらの設定を使用する」を☑

【1】Advance ユーザー名を確認する。

対象	カーソルはどこでもよい
操作	❶ [ファイル]－[オプション] ❷ 「Word のオプション」の「全般」で, 《Microsoft Office のユーザー設定》で, ユーザー名を確認

※ Office にサインインしているユーザー名が表示される（ここでは実教一郎）

 変更履歴の表示を設定しよう

▶ [変更内容の表示]ではどこまでを表示するか選択できる。

・シンプルな変更履歴／コメント：変更した結果とコメントを表示
・変更履歴／コメントなし：変更履歴もコメントも表示されない
・初版：変更前の文書を表示

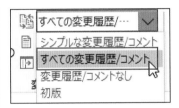

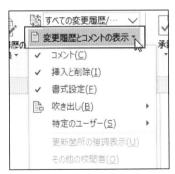

【1】MOS 6.2.1 変更箇所の表示方法を選ぶ。

操作	❶ [校閲]－[変更内容の表示] ❷ 「すべての変更履歴／コメント」

【2】MOS 6.2.1 表示する種類を設定する。

操作	❶ [校閲]－[変更履歴とコメントの表示] ❷ 次のとおり選択 　✓コメント 　✓挿入と削除 　✓書式設定 　吹き出し：✓コメント／書式のみ吹き出しに表示 　特定のユーザー： 　　　✓すべての校閲者

③ コメントを利用しよう

▷ 「コメント」は,文書内の文字などに対して付ける付箋のようなもの。
自分で文書作成中の備忘のメモとしたり,他のユーザーが作成した文書に何らかのコメントするときに使う。

▷ 返信は左余白を下げて階層状になる。

▷ 校閲者の色はWordによって自動的に選ばれる。

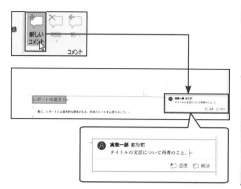

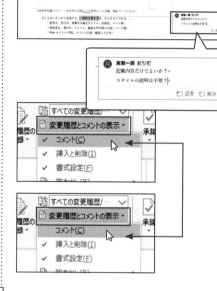

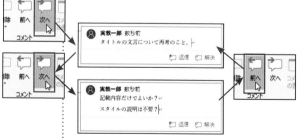

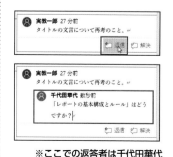

※ここでの返答者は千代田華代

1 [MOS 6.1.1] コメントを挿入する。

対象	1ページ1行目(レポートの書き方)を選択
操作	❶ [校閲]−[コメントの挿入] ❷ コメント用の吹き出しに次のとおり入力: 「タイトルの文言について再考のこと」 ❸ 文書内をクリックして確定

対象	2ページ2行目(一般的な書き方)を選択
操作	同様に吹き出しに入力: 「記載内容だけでよいか? スタイルの説明は不要?」

2 [MOS 6.1.3] コメントを表示・非表示する。

対象	文書全体
操作	❶ [校閲]−[変更履歴とコメントの表示]から「コメント」 (✓がはずされて非表示になる) ❷ [校閲]−[変更履歴とコメントの表示]から「コメント」 (✓がついて表示になる)

3 [MOS 6.1.2] コメントを閲覧する。

対象	2つのコメント
操作	❶ [Ctrl]+[Home]でいったん文書の先頭へ移動 ❷ [校閲]−[次のコメント] ❸ [校閲]−[次のコメント] ❹ [校閲]−[前のコメント]

4 [MOS 6.1.2] コメントへ返信する。

対象	1つ目のコメント内にカーソル
操作	❶ 1つ目のコメントで,[返信] ❷ 1段下がった返信者の入力欄に入力: 「レポートの基本構成とルール」はどうですか?

・執筆者名、発行年、タイトル、雑誌や刊行物の名前、ページ数
・Web サイトの URL、サイトの名前、確認した日付

論文などでは、文献目録スタイルが扱う分野ごとに慣例があり（電気・通信・電子・情報工学系は IEEE、人文系なら Chicago、MLA、社会科学系では APA）、指示に従うとよい。

■ 2）レポート作成の心得

▶ 隠し文字は細い点線で表示される（編集記号表示状態）。画面に表示されるが印刷はされない。

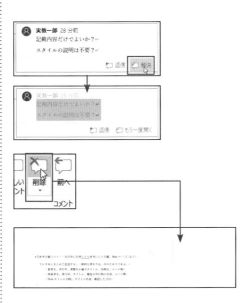

	5 MOS 1.1.4 コメントへ隠し文字で対応する。
対象	2 ページ 6 行目にカーソル
操作	❶ 左図のとおり入力 ❷ 6 ～ 7 行目を選択 ❸ ［ホーム］－［フォント］ ❹ 「フォント」で「隠し文字」に☑し、［OK］

	6 MOS 6.1.3 コメントを解決する。
対象	2 つ目のコメント内にカーソル
操作	2 つ目のコメントで、［解決］

※校閲者名とコメント内容がグレーアウトする。
※［もう一度開く］で再開できる

	7 MOS 6.1.4 コメントを削除する。
対象	2 つ目のコメント内にカーソル
操作	❶ ［校閲］－［コメントの削除］ ❷ 本文中の（コメントしていた）「一般的な書き方」の選択を解除

④ 変更履歴を記録しよう

▶「変更履歴」は文書の変更箇所とその内容を記録したもので、校閲者が誰で、いつどのように変更を加えたかがわかるので、共同で作業するときやチェックをしてもらうときに便利。
校閲内容はその後ひとつずつ承認したり元に戻したりして文書に反映できる。

※ボタンが濃い灰色になり、記録開始

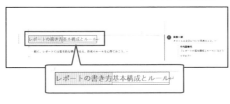

	1 MOS 6.2.4 変更履歴の記録を開始する。
操作	❶ ［校閲］－［変更履歴の記録］から「変更履歴の記録」

	2 MOS 6.2.4 変更履歴を記録する。
対象	1 ページ 1 行目「レポートの」の後ろにカーソル（タイトル変更）
操作	❶ 「書き方」を削除 ❷ 「基本構成とルール」と入力

対象	1 ページ 9 行目 「何を論ずるのか」を選択
操作	❶ ［ホーム］－［太字］ ❷ ［ホーム］－［下線］で「波線の下線」 ❸ 「下線の色」から「青」

▶ 「変更履歴」のうち，挿入や削除は本文中に，書式の変更は吹き出しで表示される。

▶ 「変更履歴」記録中に変更すると，変更した行の左に灰色の線が表示される。記録終了後この線をクリックすると，変更履歴を非表示にしたり(赤い線になる)，表示にしたり(灰色の線に戻る)できる。

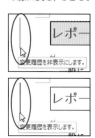

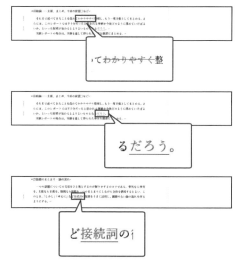

対象	1ページ24行目「…改めて」の後ろにカーソル
操作	❶ 「わかりやすく」を削除

対象	1ページ26行目「…ものとなる」の後ろにカーソル
操作	❶ 「だろう」を挿入

対象	2ページ18行目「…「ゆえに」など」の後ろにカーソル
操作	❶ 「接続詞」を挿入

※ボタンが標準の色になり，記録終了

3 MOS 6.2.4 変更履歴の記録を解除する。

操作	❶ [校閲]－[変更履歴の記録]から「変更履歴の記録」

⑤ 変更履歴を閲覧し，変更を反映しよう

▶ 変更履歴の閲覧順序は，操作の時系列順となる。

▶ [変更履歴]ウィンドウ▾ を利用すると，「変更履歴ウィンドウ」が表示され，一覧で見ることができる。

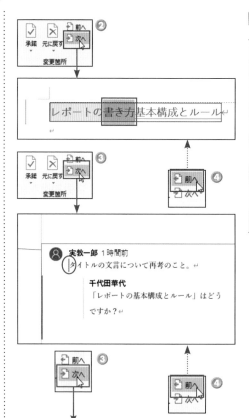

1 MOS 6.2.2 変更履歴を閲覧する。

操作	❶ Ctrl + Home で文書の先頭へ移動 ❷ [校閲]－[次の変更箇所]で最初の変更箇所(「書き方」の削除)へ移動 ❸ 以降，[校閲]－[次の変更箇所]で変更箇所を確認していく ❹ 最後(「接続詞」の挿入)まで移動したら，[校閲]－[前の変更箇所]で最初(「書き方」の削除)まで戻る

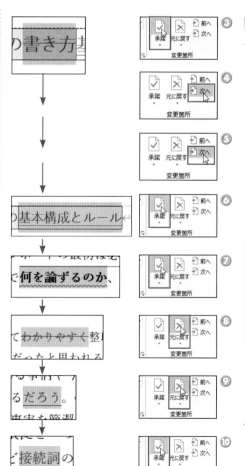

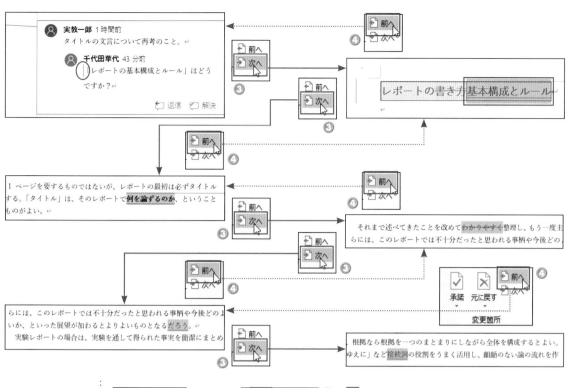

2 [MOS 6.2.3] 変更履歴を反映する。

操作	
❶	[Ctrl] + [Home] で文書の先頭へ移動
❷	[校閲] - [次の変更箇所]
❸	「書き方」の削除部分 [校閲] - [承諾して次へ進む]
❹	実教一郎のコメント [校閲] - [次の変更箇所]
❺	千代田華代の返信 [校閲] - [次の変更箇所]
❻	「基本構成とルール」の挿入部分 [校閲] - [承諾して次へ進む]
❼	「何を論ずるのか」の書式設定部分 [校閲] - [承諾して次へ進む]
❽	「わかりやすく」の削除部分 [校閲] - [元に戻して次へ進む]
❾	「だろう」追加部分 [校閲] - [元に戻して次へ進む]
❿	「接続詞」の挿入部分 [校閲] - [承諾して次へ進む]
⓫	最初のコメントに戻るので, 本文中をクリックして終了

▶ 変更履歴のほかコメントもない場合は, メッセージが表示されるので [OK] で終了

⑥ 印刷の設定をしよう

> 変更履歴やコメントが残ったままでは，画面と同様の表示で印刷される。

すべてのページを印刷
ドキュメント全体

1 [MOS 1.3.3] 変更履歴やコメントを印刷しない。

操作	① [ファイル] − [印刷] ② 《設定》で[すべてのページを印刷]（印刷範囲）から「変更履歴 /コメントの印刷」（✓をはずす）

> 作成している文書のサイズにかかわらず，ここで指定した用紙サイズに合わせて拡大縮小する。

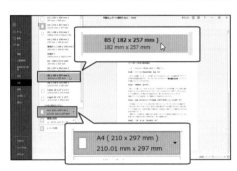

B5 (182 x 257 mm)
182 mm x 257 mm

A4 (210 x 297 mm)
210.01 mm x 297 mm

2 [MOS 1.3.3] 用紙サイズを変更する。

操作	① [ファイル] − [印刷] ② 《設定》で[A4]（印刷の用紙サイズ）から「B5」

※確認後，もういちど「A4」に戻す。

> 1 枚の用紙に複数ページ（1 〜 16）が収まるように縮小して印刷できる。

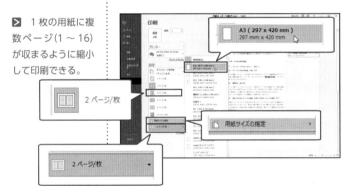

2 ページ/枚

2 ページ/枚

A3 (297 x 420 mm)
297 mm x 420 mm

用紙サイズの指定

3 [MOS 1.3.3] 2 ページを用紙 1 枚に収める。

操作	① [ファイル] − [印刷] ② 《設定》で[1 ページ / 枚]から「2ページ / 枚」 ③ 《設定》の「2 ページ / 枚」で「用紙サイズの指定」，さらに「A3」

4 [MOS 1.3.3] 印刷オプションの設定をする。

操作	① [ファイル] − [オプション] ② 必要な項目を☑ ③ [OK]

※印刷後，不要になったオプションは✓をはずしておく。

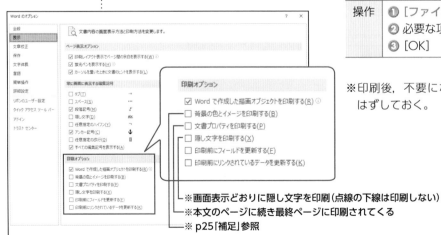

印刷オプション

☑ Word で作成した描画オブジェクトを印刷する(R)
☐ 背景の色とイメージを印刷する(B)
☐ 文書プロパティを印刷する(P)
☐ 隠し文字を印刷する(X)
☐ 印刷前にフィールドを更新する(F)
☐ 印刷前にリンクされているデータを更新する(K)

※画面表示どおりに隠し文字を印刷（点線の下線は印刷しない）
※本文のページに続き最終ページに印刷されてくる
※ p25「補足」参照

ドキュメントを検査しよう

> 作成した文書を他のユーザーと共有したり，取引先など社外に配布するような場合，情報漏えいの一助として，事前に「ドキュメント検査」を行って文書から個人情報などを削除しておくとよい。

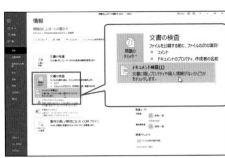

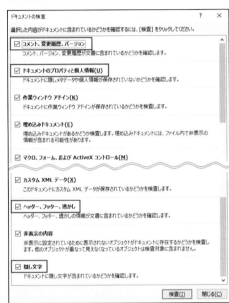

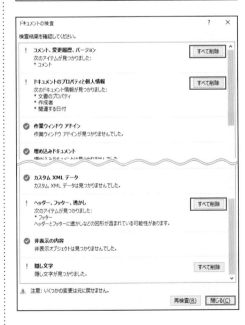

1 MOS 1.3.2 文書のプロパティを確認する。

操作	❶ [ファイル] − [情報] ❷ [プロパティ]から「詳細プロパティ」

※タイトルやサブタイトル，作成者などがあることを確認する。
※文書内にコメント（1つ）やフッター（作成者名）があることも確認する。

2 MOS 1.4.1 ドキュメント検査をする。

操作	❶ [ファイル] − [情報] ❷《問題のチェック》から[ドキュメント検査] ❸「ドキュメント検査」で次の内容が☑になっていることを確認 　・コメント，変更履歴，バージョン 　・ドキュメントのプロパティと個人情報 　・ヘッダー，フッター，透かし 　・隠し文字 ❹ [検査]

3 MOS 1.4.1 検査結果を確認して対応する。

操作	❶「ドキュメント検査」で次の内容を[すべて削除] 　・コメント，変更履歴，バージョン 　・ドキュメントのプロパティと個人情報 　・ヘッダー，フッター，透かし ❷ [閉じる]

※ここでは隠し文字を残すこととする。
※コメントやフッターが削除されたこと，文書のプロパティの内容が削除されたことを確認する。

⑧ 他のユーザーと文書を共有しよう

▶ 文書の共有機能を使うには，Web上の保存領域であるOneDriveを使うので，Microsoftアカウントでサインインしておく必要がある。

1 [MOS 1.3.4] OneDriveへサインインする。

操作	❶ Word画面右上の[サインイン]
	❷ メールアドレスを入力
	❸ パスワードを入力

▶ OneDriveにサインインしておけば，通常のファイル保存と同じく[ファイル]－[名前を付けて保存]を利用してよい。
ファイルを開く場合も同様。

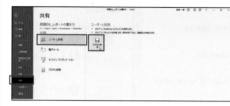

2 [MOS 1.3.4] OneDriveに保存する。

操作	❶ [ファイル]－[共有]
	❷ 「ユーザーと共有」
	❸ 「クラウドに保存」
	❹ 「名前を付けて保存」に切り替わるので「OneDrive」
	❺ 「OneDrive－個人用」
	❻ 「名前を付けて保存」で「ドキュメント」を選択
	❼ アドレスバーで場所を確認（OneDrive下のドキュメント）
	❽ 「ファイル名」を入力して[保存]

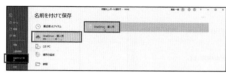

▶ 共有ウィンドウで設定する項目は次のとおり。
・共有するユーザーのメールアドレス
・共有するユーザーに許可する作業範囲（編集作業可か表示のみか）
・コメント（省略可）

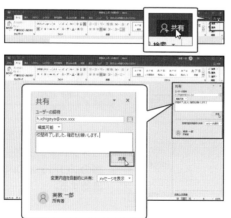

3 [MOS 1.3.4] 文書を共有する。

操作	❶ Word画面右上の[共有]
	❷ 「共有」作業ウィンドウが開くので，必要項目を設定
	❸ [共有]

※共有するユーザー宛に，当該ファイルが添付されたメールが送信される。
※送信後，共有作業ウィンドウの下には，送信先ユーザー名が表示される。

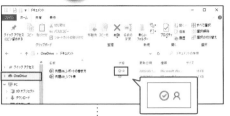 

補足 文書を共有したあと

◆ 共有したユーザー側では…

・共有した文書はエクスプローラーの「状態」に 👤 が表示される。

・共有文書を編集中に，同時に別のユーザーが開くと，画面右上の「共有」から吹き出しでその知らせが表示される。

通知を直接クリック   **メールを開いて[開く]をクリック**

◆ 共有されたユーザー側では…

① 共有のお知らせが届く

・アクションセンターに共有のお知らせが表示される。
もし同時に PC で作業中であれば画面右下にお知らせがフラッシュする。

・メールアプリで届いたメールを開く。

② ブラウザーで共有文書を開く

・アクションセンターの通知を直接クリック

・メール本文の[開く]をクリック

※ブラウザーで閲覧のみ   **※ブラウザーで編集可**

③ 編集が許可されている場合は，[ブラウザーで編集]をクリック
Web 用 Office に切り替わるので，リボンを利用して編集する

補足 共有する文書のリンク先を取得して知らせる

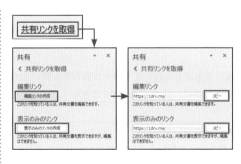

MOS 1.3.4 文書のリンク先を送信する。

操作	①「共有」作業ウィンドウ左下の[共有リンクを取得]
	② 許可する作業範囲によって，[編集リンクの作成]または[表示のみのリンクの作成]
	③ [コピー]
	④ 別途，メール本文に③で取得したリンク先 URL を貼り付けて送信

補足 共有を解除する

・「共有」作業ウィンドウでユーザー名を右クリックし「ユーザーの削除」

・リンクが設定されたすべてのユーザーを右クリックし，「リンクを無効にする」

NPO こならの杜では親子コミュニケーション塾「どんぐりの会」を運営しています。世話人として活動しているあなたは，次回の成果発表会開催の案内文を作成します。

■ **完成例**

令和○年 7 月 4 日

関係者各位

こならの杜「どんぐりの会」実行委員会

第 7 回『どんぐりの会』開催のご案内

拝啓□盛夏の候、皆様におかれましてはますますご清祥のこととお喜び申し上げます。平素より格別のご厚誼にあずかり、厚く御礼申し上げます。

□さて、今夏も皆様のご協力の下、「どんぐりの会」を下記のとおり開催することとなりました。今年はどんぐり隊員の数も増え、充実した活動を重ねてくることができました。隊員たちもこの日を待ち遠しく、日々練習を重ねております。楽しい夏のひとときを皆様とともに過ごしたく存じますので、ぜひご出席くださいますようお願い申し上げます。

□まずはご案内申し上げます。

敬具

記

1．日　時　→　令和○年 7 月 28 日（日）□午後 1 時半～3 時半
2．場　所　→　こならの杜多目的ホール
3．内　容　→　①どんぐり隊水嶋班成果発表
　　　　→　　②どんぐり隊生田班成果発表
4．同封物　→　こならの杜紹介パンフレット
　　　　→　　どんぐりの会詳細プログラム

以上

※なお、引き続き同会場にて懇親会を行いますのでご協力をお願いします（会費¥1,000）。
※駐車スペースがありませんので、*公共交通機関をご利用ください。*

（追伸）□**会費のまとめ払いについて**
本年度より、3 年分の会費をまとめ払いしていただくことができるようになりました。まとめ払いで割安になりますのでおすすめです。会費納入時にお申し出ください。

	年会費（通常）	まとめ払い（3 年分）
一般会員の方	6,000 円	18,000 円のところ 15,000 円
学生会員の方	4,000 円	12,000 円のところ 10,000 円

●ダウンロードデータから「演習 01_ どんぐりの会ご案内」を開く。(A4・縦向き・余白 / 標準)

1　1 行目の日付と 3 行目の差出人「こならの杜「どんぐりの会」実行委員会」について「右揃え」にしてください。

2　2 行目の「関係者各位」について次の書式を設定してください。
フォント：游ゴシック Light，フォントサイズ：12pt，スタイル：太字

3　5 行目のタイトル「第 7 回『どんぐりの会』開催のご案内」について次の書式を設定してください。

行揃え：中央揃え	スタイル：太字
フォント：メイリオ	フォントの色：青，アクセント 1
フォントサイズ：16pt	文字の効果：光彩；8pt；灰色，アクセントカラー 3

4　8 行目「さて，」で始まる段落および 12 行目「まずは」で始まる段落について，「段落前に間隔を追加」してください。

5　16 行目「日時」，17 行目「場所」，18 行目「内容」について，3 字分の「均等割り付け」を設定してください。

6　16 ～ 21 行目の箇条書き部分について，次の書式を設定してください。
行間：1.15
インデント：4 字
左揃えタブ：約 10 字

7　24 行目の「公共交通機関をご利用ください」の部分に「斜体」と「二重下線」を設定してください。また二重下線の色を「青，アクセント 1」とします。

8　25 行目の空白行について，下罫線を引いてください。

9　26 行目の「会費のまとめ払いについて」の部分を「太字」に設定してください。

10　完成例を参照して，29 行目から 3 行 3 列の表を挿入して文字列を入力し，各列の幅を文字列の長さにあわせて自動調整してください。

11　完成例を参照して，1 行目，2 列目 2 ～ 3 行目のセル内の配置を中央揃えにしてください。

12　完成例を参照して，3 列目を「青，アクセント 1，白＋基本色 80％」で塗りつぶしてください。

13　完成例を参照して，表の罫線についてペンの色を「青，アクセント 1」に変更してください。また，1 行 1 列目のセルに斜め罫線（右下がり）を引いてください。
＜ヒント＞［表ツール］－［デザイン］の［罫線］から［斜め罫線（右下がり）］

14　表を行の中央に配置してください。

農業生産加工の研究グループで活動しているあなたは，農閑期レクリエーションを企画し，会員に向けてその案内文を作成します。案内文には申込欄を設けます。

■ 完成例

令和〇年1月20日

会員各位

みど里市圏域□「あぐり房」世話人会
生産加工研究会

農閑期レクリエーションのお誘い

□会員の皆様には、日頃より月例勉強会欠かさず、圏域一体のご協力をいただき、誠にありがとうございます。

□さて、日々忙しい中、せめてもの恒例となりました農閑期レクリエーションについて、今年も次のような企画を考えました。お寄せいただいたご意見・ご要望を世話人会で検討し、関係各所との交渉を重ねた結果、4つのコースにまとめることができました。ご家族での参加も大歓迎ですので、皆で楽しく過ごしましょう。奮ってお申し込みお願いします。

記

1．コース → 申込書4コースの中からご希望コース1つに〇をつけてください。
2．実施日時 → 2月11日（祝）
3．個人負担 → 大人（中学生以上）3,000円□□小学生以下1,500円
4．お申込み → 世話人会事務局（☎/📠：＊＊＊－＊＊＊＊）
5．その他 → 各コースの詳細は、別添資料をご参照ください。定員になり次第締め切らせていただきますので、お早めにお申し込みください。

以上

- - - - - - - - - - - - - - - 切り取り線 - - - - - - - - - - - - - - -

＝＝□お 申 込 書□＝＝

代表者お名前			
お申込み人数	名様	連絡先	□□□－□□□□－□□□□

お申し込みコース（〇を記入して選択してください）		
	A）福福亭有芽太郎独演会	定員10名
	B）ダニイル・コブリンピアノリサイタル	20名
	C）梅島湾かき鍋たらふくクルーズ	40名
	D）リゾートスパWAIHA	30名

●ダウンロードデータから「演習02_レクリエーションのお誘い」を開く。(A4・縦向き・余白／標準)

1 5 行目のタイトル「農閑期レクリエーションのお誘い」について，次の書式を設定してください。

　　　　行揃え：中央揃え
　　　　フォント：メイリオ
　　　　フォントサイズ：16pt
　　　　スタイル：太字
　　　　文字の効果：塗りつぶし：白；輪郭：オレンジ，アクセントカラー 2；影（ぼかしなし）：オレンジ，アクセントカラー 2

2 8 行目「さて，」で始まる段落について，「段落前に間隔を追加」してください。

3 14 行目「コース」，18 行目「その他」について，4 字分の「均等割り付け」を設定してください。

4 15 行目の「2 月 11 日 (祝)」に蛍光ペンの色から「黄」を設定してください。

5 17 行目の「世話人会事務局 (」の後ろに，フォント：Wingdings 2 から電話の記号「☎」を挿入してください。

6 14 ～ 19 行目の箇条書き部分について，次の書式を設定してください。

　　　　インデント：2 字
　　　　左揃えタブ：約 10 字

7 18 ～ 19 行目の段落について，ぶら下げインデントを「8」字に設定してください。

8 21 行目の「切り取り線」の行に点線の下罫線を引いてください。
<ヒント>行を選択し，［ホーム］－［罫線］で［線種とページ罫線と網かけの設定］

9 22 行目の「お申込書」について，7 字分の「均等割り付け」を設定してください。

10 23 行目から始まる表の上に 2 行挿入し，セルを 4 列に分割してください。

11 1 行 2 ～ 4 列目をセル結合してください。

12 1 行目と 2 行目の行高をそれぞれ 2 行分程度に広げてください。

13 完成例を参照してそれぞれ文字列を入力し，列幅を適宜調整してください。

14 セル内の配置を次のとおり設定してください。

　　　　1 ～ 2 行 1 列目，および 2 行 3 列目：中央揃え，さらに均等割り付け
　　　　2 行 2 列目：中央揃え (右)

15 3 行目のセルを「薄い灰色，背景 2」で塗りつぶしてください。

16 2 行目と 3 行目の境界の罫線を「二重罫線」に変更してください。

17 表全体を行の中央に配置してください。

自社 Web サイトのリニューアルを Web 制作部が担当することになりました。制作に先立ち各部署からの要望を吸い上げる打ち合わせが行われ，あなたが議事録を作成することになりました。

■ 完成例

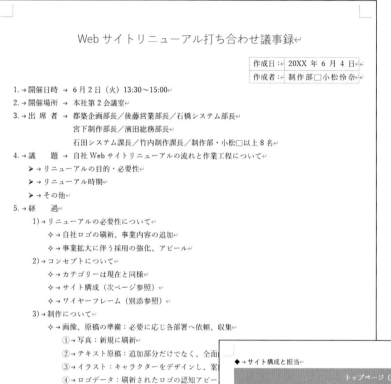

Web サイトリニューアル打ち合わせ議事録

| 作成日 | ： | 20XX 年 6 月 4 日 |
| 作成者 | ： | 制作部□小松怜奈 |

1.→開催日時　→　6 月 2 日（火）13:30～15:00
2.→開催場所　→　本社第 2 会議室
3.→出 席 者　→　都築企画部長／後藤営業部長／石橋システム部長
　　　　　　　　宮下制作部長／濱田総務部長
　　　　　　　　石田システム課長／竹内制作課長／制作部・小松□以上 8 名
4.→議　　題　→　自社 Web サイトリニューアルの流れと作業工程について
　➤→リニューアルの目的・必要性
　➤→リニューアル時期
　➤→その他
5.→経　　過
　　1)→リニューアルの必要性について
　　　◇→自社ロゴの刷新、事業内容の追加
　　　◇→事業拡大に伴う採用の強化、アピール
　　2)→コンセプトについて
　　　◇→カテゴリーは現在と同様
　　　◇→サイト構成（次ページ参照）
　　　◇→ワイヤーフレーム（別添参照）
　　3)→制作について
　　　◇→画像、原稿の準備：必要に応じ各部署へ依頼、収集
　　　　①→写真：新規に刷新
　　　　②→テキスト原稿：追加部分だけでなく、全面
　　　　③→イラスト：キャラクターをデザインし、案
　　　　④→ロゴデータ：刷新されたロゴの認知アピー
　　　◇→コーディング：制作部・新入社員が担当、統括
　　　◇→制作予定概略（次ページ参照）
　　4)→公開・運用について
　　　◇→ミラーURL の取得
　　　◇→サーバー強化
　　　◇→アップロード・確認
　　　◇→リニューアル公開予定日：9 月 21 日（創立記念
6.→次回予定　→　8 月 20 日（木）10:30～12:00
　　　→　　　　　内容：進捗確認、変更点等
　　──────改ページ──────

◆→サイト構成と担当

トップページ（統括：小松）				
会社情報	**サービス**	**実績紹介**	**採用情報**	**お問合せ**
社長挨拶	Web 制作	インテリア	採用メッセージ	
企業理念	Web 広告	飲食・食品	新卒採用	
会社概要	メディア広告	美容・健康	キャリア採用	
事業内容	SEO	スポーツ	インターンシップ	
沿革	アプリ開発	ファッション	研修制度	
アクセス	IT ソリューション	ホビー	社員インタビュー	
プレリリース	広告デザイン	スポーツ	採用 Q&A	
		教育		
		その他		
大野／松本	二宮／大野	相葉／松本	桜井／二宮	桜井

◆→制作日程（概略）

担当＼日程	6 月前半	6 月後半	7 月前半	7 月後半	8 月	9 月	9/20
小松	原稿・写真収集				サーバー強化		
大野	イラスト	会社情報	サービス			移転	公開
二宮		サービス	採用情報	動作確認	修正・変更		
松本	トップ		会社情報				
相葉	写真加工	実績紹介	実績紹介				
桜井		採用情報	お問合せ				

以上

●ダウンロードデータから「演習 03_議事録」を開く。（A4・縦向き・余白 / やや狭い）

1 1 行目「Web サイトリニューアル打ち合わせ議事録」にスタイルから「表題」を設定してください。

2 2 ～ 3 行目の表を行内で右揃えに設定してください。

3 5 ～ 14 行目(開催日時～経過)およびに 35 行目(次回予定)に段落番号から「1.2.3.」を設定してください。

4 8 ～ 9 行目(宮下～石田)の段落番号をオフにしてください。

5 11 ～ 13 行目について，リストのレベルを 1 つ下げてください。さらに箇条書きから「➢」に変更してください。

6 「5. 経過」の下の表(15 ～ 34 行目)を文字列に変換してください。文字列の区切りを「タブ」とします。

7 15，18，22 および 30 行目について段落番号から「1.2.3.」を設定し，リストのレベルを 1 つ下げてください。さらに段落番号から「1) 2) 3)」に変更してください。

8 16 ～ 17，19 ～ 21，23，28 ～ 29 および 31 ～ 34 行目について，箇条書きから「✧」を設定してください。

9 24 ～ 27 行目に箇条書きから「●」を設定してください。さらに段落番号から「①②③」に変更してください。

10 4 行目(空白行)を削除してください。

11 「◆サイト構成と担当」の下の表で，2 行目の上に 1 行挿入し，左のセルから順に「会社情報」「サービス」「実績紹介」「採用情報」「お問合せ」と入力してください。

12 表のスタイルから「グリッド(表)5 濃色アクセント 3」を設定し，表スタイルのオプションで「縞模様(行)」をオフ，「縞模様(列)」をオンにしてください。

13 1 行目のセルの上下の余白を 2mm とし，中央揃えに設定してください。

14 2 行目のセルの上下の余白を 1.5mm とし，太字に設定してください。

15 4 行目のセル内の配置を中央揃えに設定してください。

16 「◆制作日程(概略)」の下，17 ～ 24 行目の文字列を表に変換してください。

17 表のスタイルから「グリッド(表)6 カラフル」を設定してください。

18 完成例を参照して必要なところをセル結合し，セル結合した部分の文字の配置を「中央揃え (左)に設定してください。

次の文書を作成しよう

（ファイル名：演習 04_FP 資格に挑戦）

資格スクール森水舎で働くあなたは，新しく開催する FP3 級技能士セミナーの案内ポスターを作成することになりました。A4 サイズで作成し拡大コピーをして掲示することになります。なお，FP 資格に関する簡単な説明を入れるよう指示されました。

■ 完成例

■ＦＰ資格のまとめ

資 格 の 種 類	FP 技能士	AFP	CFP※
資 格 分 野	国家資格	民間資格 （国内資格）	民間資格 （国際資格）
資 格 認 定 機 関	国（厚生労働省）	NPO 法人日本 FP 協会	
資 格 更 新 の 有 無	更新は不要	２年ごとに更新が必要	

■森水舎主催□ＦＰ３級技能士セミナーご案内

日 程	6～8 月の毎週火曜日（お盆期間除く）		
時 間 と 場 所	7～9 時／緑山キャンパス翠風館 101 教室		
内 容 （全 5 回）	①イフプランニングと資金計画②リスク管理③金融資産運用 ④タックスプランニング⑤不動産⑥相続・事業継承		
受 講 料	1 回 1,000 円	テ キ ス ト 料	1 回 300 円

※受講料は講師交通費に、テキスト代はコピー代実費になります。カンパ歓迎！

※テキスト準備がありますので、受講の回の前日までにお申し出ください。（080-****-**** ：熊田まで）

豆知識　技能検定は、働く人々の技能を一定基準で検定し、国がこれを証明することで労働者の技能と地位の向上を図ることを目的とするものです。技能検定試験合格者には、各々受検した職種・等級について国家資格である「技能士」の称号が付与されます。

国家資格には下記の 2 種類があります

業務独占資格：資格がなければその業務を行うことが禁止されている国家資格で、医師、看護婦、薬剤師、公認会計士、税理士、弁護士、美容師、理容師などがあります。有資格者でないとその職業には就けず、資格を取得することでその職業的地位が保障されます。

名称独占資格：業務そのものは資格がなくても行えますが、有資格者でないとその資格名を名乗ることができません。社会福祉士や介護福祉士、調理師、中小企業診断士などで、**ＦＰ技能士**はこれにあたります。

●ダウンロードデータから「演習 04_FP 資格に挑戦」を開く。（A4・縦向き・余白 / 標準）

1 ページの余白を「狭い」に変更してください。

2 1 行目の背景色を「オレンジ，アクセント 2，白＋基本色 80%」に設定してください。
5 行目に F4 キーで操作を繰り返してください

3 2 行目に「FP 資格に挑戦」というワードアートを挿入し，完成例を参照して配置を整えてください。ワードアートのスタイルを「塗りつぶし：オレンジ，アクセントカラー 2；輪郭：オレンジ，アクセントカラー 2」，フォントを「HGP 創英角ポップ体」とします。

4 1 行目に図形「稲妻」を挿入してください。図形の塗りつぶしを「ゴールド，アクセント 4」，図形の枠線を「黄」とし，左右反転，背面へ移動したうえで，完成例を参照して配置と大きさを整えます。

5 7 行目の「■FP 資格のまとめ」に次の書式を設定してください。
　　　フォント：游ゴシック Light　　　フォントサイズ：12pt
　　　フォントの色：青，アクセント 1　　　スタイル：太字，一重下線

6 7 行目の書式をコピーして 14 行目「■森水舎主催〜ご案内」に貼り付けてください。

7 8 〜 11 行目の文字列を表に変換し，次のとおり設定してください。
表のスタイル：グリッド（表）4，アクセント 1
表スタイルのオプション：「最初の列」「縞模様（行）」のみ
すべての列の幅：35mm
各セルの文字位置：中央揃え，1 列目のみ：均等割付
表の配置：行の中央

8 **7** の表を次のとおり設定してください。
　　　1 行 4 列目：CFT の後ろに登録商標を表す特殊文字「®」を入力
　　　2 行 3 列目および 2 行 4 列目の「民間資格」の後ろ：改行
　　　3 行 3 〜 4 列目および 4 行 3 〜 4 列目：セル結合

9 13 行目に SmartArt グラフィックの「手順」から「矢印と長方形のプロセス」を挿入してください。テキストウィンドウへ次のとおり入力します。
　　　1 行目：3 級　　2 行目：2 級　　3 行目：1 級　　4 行目：AFP　　5 行目：CFP

10 SmartArt に「バードアイ」のスタイルを設定し，高さ 50mm，幅 100mm に設定してください。また，SmartArt 全体を行の中央揃えに設定してください。

11 SmartArt に代替テキスト「FP 資格のステップ」を設定してください。

12 24 行目からページ末まで横書きテキストボックスを挿入し，「例題 04_豆知識（インポート用）」からテキストを挿入してください。

13 テキストボックスのスタイルを「枠線のみ−オレンジ，アクセント 2」に設定してください。

14 完成例を参照して，テキストボックスを「豆知識」の図形（メモ）の背面に移動してください。

南欧料理レストランのホールスタッフとして新規オープン準備中のあなたは，オープン前に広く配布するチラシを作成します。

■ 完成例

●ダウンロードデータから「演習 05_ 開店のお知らせ」を開く。

　（A4・縦向き・余白：上左右 30mm，下 50mm，既定のフォント：游ゴシック 10.5pt，
　行数：34 行）

1 1 行目にファイルから 3D モデル「フォーク，ナイフ，お皿」を挿入し，行幅に収まるようにサイズを拡大してください。

2 挿入した 3D モデルについて，3D モデルビューで「上前面」に変更し，さらに完成例を参考に角度を調整してください。

3 お皿の前面に「南欧料理の店」というワードアートを挿入し，完成例を参照して配置してください。

ワードアートのスタイル：「塗りつぶし：黒，文字色 1；影」

文字の塗りつぶし：オレンジ，アクセント 2

フォント：HGP 創英角ポップ体，　フォントサイズ：14pt

4 お皿の前面に「Cantina」というワードアートを挿入し，完成例を参照して配置してください。

ワードアートのスタイル：「塗りつぶし (グラデーション)：青，アクセントカラー 5；反射」

文字の塗りつぶし：濃い赤

フォント：Arial Rounded MT Bold，　フォントサイズ：48pt

5 20 行目に画像「メモ紙」を挿入し，文字列の折り返しを「四角形」に変更してください。完成例を参照して適宜サイズを整えてください。

6 「9/17 (金) オープン」というワードアートを挿入し，完成例を参照してメモ紙の前面に配置し，適宜回転してください。

ワードアートのスタイル：「塗りつぶし：白；輪郭：オレンジ，アクセントカラー 2；影 (ぼかしなし)：オレンジ，アクセントカラー 2」

フォント：HGP 創英角ポップ体，　フォントサイズ：36pt

7 29 ～ 33 行目に，完成例を参照して地図を描画してください。挿入する図形は次のとおり。

線 (太さ 6pt，4.5pt)

横書きテキストボックス，縦書きテキストボックス (塗りつぶしなし，枠線なし)

吹き出し：角を丸めた四角形 (図形のスタイル：枠線のみ－オレンジ，アクセント 2)

アイコン：✺ (文字列の折り返し：前面，グラフィックの塗りつぶし：オレンジ，アクセント 2)

アイコン：🍷 (文字列の折り返し：前面，グラフィックの塗りつぶし：濃い赤)

8 ページ罫線を設定してください。

絵柄：｜ ／／／／／ ｜，　太さ：15pt

オプションで，基準：本文，余白：上左右 30pt，下 15pt

9 下余白部分にテキストボックスを挿入して開店記念クーポンを作成してください。右に 3 つコピーして内容を修正してください。

横書きテキストボックス (図形の枠線：青，破線，サイズ：横 52.5 ×縦 35mm 程度)

文字の配置：左右中央揃え，上下中央揃え，　2 行目 (20%Off)：HGP 創英角ポップ体，24pt，赤

＜ヒント＞真横にコピーするには，Ctrl と Shift を押しながらドラッグする方法が効率的。

　次の文書を作成しよう　　　　　　　　　　（ファイル名：演習 06_ラーメン調査報告）

営業部企画課のあなたは，自社カップ麺の売上および同業他社と比較したアンケート結果を Excel で集計しグラフを作成済です。この Excel データを利用して報告書を作成します。

■ **完成例**

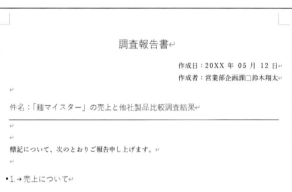

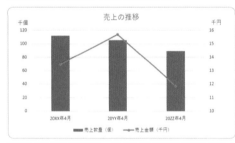

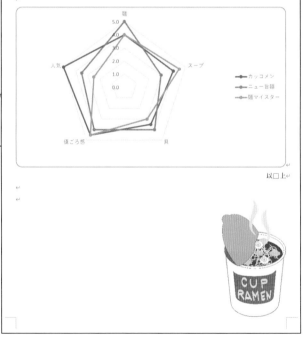

●ダウンロードデータから Word ファイル「演習 06_ラーメン調査報告」（A4・縦向き・余白 / 標準）および Excel ブック「演習 06_ラーメン調査結果」を開く。

1　1 行目の「調査報告書」にスタイルから「表題」を設定してください。

2　2 行目の「20XX 年 05 月 12 日」について，11 字に均等割り付けしてください。

3　2 ～ 3 行目を右揃えに設定してください。

4　10 行目および 18 行目にスタイルから「見出し 1」，段落番号から「1.2.3」を設定してください。

5　13 行目の「売上実績」22 ～ 25 行目の「調査目的」「調査期間」「調査方法」「調査結果」の書式をクリアしてください。

6　13 行目および 22 ～ 25 行目について，箇条書きから「■」を設定してください。

7　14 行目にスクリーンショットを利用し，完成例を参照して Excel ブックの「売上」シートから画面領域をドラッグして挿入してください。

8　**7** で挿入した図の高さを 100mm，幅を 130mm に設定してください。

9　Excel ブックの「他社比較」シートからレーダーチャートグラフをコピーし，2 ページ 10 行目に図として貼り付けてください。

10　貼り付けたグラフの図を，縦横比を固定した状態で幅(約)150mm に設定してください。

11　2 ページ 12 行目に画像「カップラーメン」を挿入し，縦横を固定して 70% に縮小してください。

12　カップラーメンの文字列の折り返しを「四角形」にし，図の位置について次のとおり設定してください。
　　　　水平方向：配置「右揃え」基準「余白」
　　　　垂直方向：配置「下」　　基準「余白」

13　カップラーメンの図で，透明色として背景色にあたる色を指定して，背景を透明にしてください。＜ヒント＞[図ツール]－[書式]の[色]で「透明色を指定」

14　アクセシビリティチェックを行い，次のとおり修正を加えてください。
　　　　スクリーンショットの図：代替テキストを入力
　　　　　　「20XX 年～ 20ZZ 年の売上数量および売上金額の表とそれを表す複合グラフ」
　　　　レーダーチャートグラフの図：代替テキストを入力
　　　　　　「3 商品について，5 項目の評価点を五角形のバランスで表したグラフ」
　　　　カップ麺のイラスト：装飾用にする

15　「調査報告書」という名前で，PDF 形式で保存してください。なお，発行後にファイルは開かないようにします。

けやき新聞社では読者サービスとして地域のこどもスポーツ情報ペーパーを発行しています。今回の目玉記事を取材してきたあなたは，その記事をメインに表紙ページを作成することになりました。紙面は縦書きで３段組と決まっています。

■　完成例

●ダウンロードデータから「演習 07_スポーツドットコム」を開く。（A4・縦向き・余白／やや狭い）

1　文書全体を間隔が 2 字空いた 3 段組みに変更してください。

2　2 段目 38 行目の「北町コスモボーイズ」の前に段区切りを挿入してください。

3　完成例を参照して，ページの左上に縦書きテキストボックスを挿入し，次の書式を設定
してください。
   文字列の折り返し：四角形   高さ：127mm
   文字列との間隔：上下左右とも 0mm
   位置：水平方向／左揃え，基準／余白，垂直方向／上，基準／余白

4　**3** で挿入した縦書きテキストボックスに次のとおり入力し，書式を設定してください。
   小学生バレーボール選手権：HG 創英角ゴシック UB，16pt
   復活 V   けやきファイターズ：HGP 創英角ポップ体，26pt，濃い赤

5　**3** で挿入したテキストボックスの枠線について，次の書式を設定してください。
   図形に塗りつぶし：塗りつぶしなし
   図形の枠線：オレンジ，アクセント 2，幅 2.75pt，一重線 / 多重線：▰▰▰▰

6　3D モデルのファイル「トロフィー」を挿入し，完成例を参照して「復活 V」と「けやきファ
イターズ」の間にサイズと向きを適宜調整して配置し，背面に移動してください。

7　横書きテキストボックスを挿入し，次の 3 行を入力し，書式を設定し，縦書きテキスト
ボックスに重なるように配置し，回転角度「21°」に設定してください。
   1 行目：17-21   2 行目：21-16   3 行目：21-19
   図形のスタイル：パステル−ゴールド，アクセント 4，フォント：游ゴシック Light

8　縦書きテキストボックスの下に横書きテキストボックスを挿入し，次の 2 行を入力し，
書式を設定してください。
   1 行目：男子は常勝・萩野原が 4 連勝！
   2 行目：2 面に大会結果一覧掲載。ベストショット集も！
   図形のスタイル：パステル−ゴールド，アクセント 4，フォント：HGP ゴシック E

9　右下の縦書きテキストボックスの左に，画像「ピッチャー」を挿入し，左右反転して適宜
大きさを調整してください。さらに文字列の折り返しを「凹角形」にし，文字列との間隔
を上下左右 3mm に設定し，完成例を参照して位置を調整してください。

10　**9** で挿入した画像の下に「大健闘のエース中田」と入力された横書きテキストボック
スを移動してください。

11　ヘッダーにカーソルを移動して 1 行 2 列の表を挿入し，次のように入力，書式を設定
してください。
   左のセル：こどもスポーツ応援新聞「スポーツ．コム」
   右のセル：(1)，右揃え
   表の罫線：下罫線のみ，上と左右は罫線なし

演習 08　次の文書を作成しよう

（ファイル名：演習 08_RMF 分析とは）

ビジネススクールで人事・教育セミナー担当をしているあなたは，セミナーの資料として顧客分析に関する資料を作成することになりました。

■ 完成例

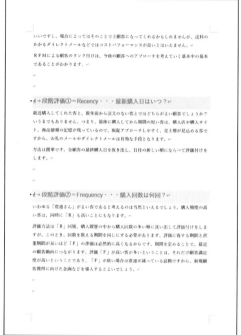

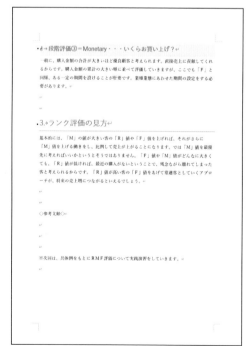

●ダウンロードデータから「演習 08_RMF 分析とは」を開く。（A4・縦向き・余白 / 標準）

1　次の各行にスタイルから「見出し1」を設定してください。
　　　　1ページ1行目「RMF分析とは？」
　　　　1ページ13行目「顧客のランク付け」
　　　　2ページ23行目「ランク評価の見方」

2　次の各行にスタイルから「見出し2」を設定してください。
　　　　1ページ30行目「段階評価①＝ Recency」
　　　　2ページ5行目「段階評価②＝ Frequency」
　　　　2ページ16行目「段階評価③＝ Monetary」

3　ドキュメントの書式設定でスタイルセットから「線（シンプル）」を設定してください。

4　「見出し1」スタイルについて，次のとおり書式を変更してください。
　　　　太字
　　　　段落／間隔：段落前　0pt，段落後　6pt
　　　　段落番号：「1.2.3.」

5　「見出し2」スタイルについて，次のとおり書式を変更してください。
　　　　太字
　　　　段落／間隔：段落前　0行，段落後　0行
　　　　網かけ／背景の色：青，アクセント5，白＋基本色80％
　　　　箇条書き：「新しい行頭文字」で，フォント「Wingdings」から「✎」

6　次の単語に脚注を設定してください。
　　　　1ページ7行目「Recency」の後：
　　　　　　recent（近ごろ）という形容詞に状態を示す接尾語 -cy がついて名詞化された
　　　　　　ことば。
　　　　1ページ7行目「Frequency」の後：
　　　　　　通常は周波数や頻度のこと。ここでは frequent（頻繁の）に -cy がついて
　　　　　　名詞化。
　　　　1ページ8行目「Monetary」の後：
　　　　　　money（お金）＋ -ary。-ary は…と関係あるものを意味した名詞を作る接
　　　　　　尾語。

7　文書全体の脚注番号を「A,B,C,」に変更してください。

8　スペルチェックと文章校正を実行し，次のとおり修正してください。
　　　　「Frekuency」を「Frequency」に修正
　　　　「つかってくれてる」（い抜きことば）を「つかってくれている」に修正
　　　　「-ary」はすべて無視
　　　　表記のゆれ（アプローチ，マーケティング）をすべて全角に修正

ビジネススクールで人事・教育セミナー担当をしているあなたは，セミナーの資料として顧客分析に関する資料を表紙をつけて完成させることになりました。

■ 完成例

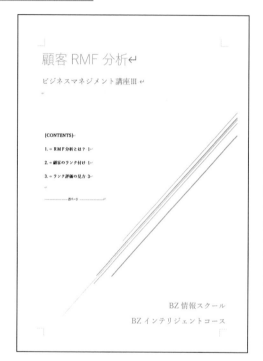

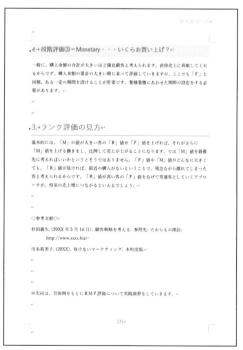

●ダウンロードデータから「演習 09_RMF 分析とは」を開く。（A4・縦向き・余白 / 標準）

1　資料文献として，川本真美子著「負けないマーケティング」（20XX 年本町出版発行）を登録してください。資料文献の種類は「書籍」とします。

2　1 ページ 17 ～ 18 行目「5 段階評価をすることが多いようです。」の後ろに，引用文献として「川本真美子　負けないマーケティング（20XX 年）」を挿入してください。

3　2 ページ 11 行目「お礼のメールやダイレクトメールは有効な手段となります。」の後ろに，引用文献を挿入してください。挿入する引用文献は，Web サイト「たからもの探訪（http://www.xxx.biz）」上の文書で，杉田義久執筆「顧客戦略を考える」（20XX 年 5 月 16 日）とし，新しく資料文献にも登録してください。

4　3 ページ 17 行目「◇参考文献◇」の次の行に，文献目録を挿入してください。スタイルは「APA」とします。

5　表紙として「スライス（淡色）」を挿入し，次のとおり入力してください。
　　　　文書のタイトル：顧客 RMF 分析
　　　　文書のサブタイトル：ビジネスマネジメント講座Ⅲ
　　　　学校：BZ 情報スクール
　　　　コースのタイトル：BZ インテリジェントコース

6　ヘッダーから「ビューマスター」を挿入してください。

7　ページ番号から「かっこ 1」を挿入してください。

8　文頭にカーソルを移動して 10 行改行してください。12 行目に「[CONTENTS]」と入力し，太字に設定します。

9　13 行目から目次を挿入してください。書式を「シンプル」，アウトラインレベルを「1」とします。

10　文書のプロパティに，作成者「実教一郎」，キーワード「セミナー資料」を追加してください。

11　マスターリストからすべての資料文献を削除してください。

アパレル企業で広報をしているあなたは，会員向け広報誌のコラムページを作成することになりました。今回は「色」にまつわる内容を 1 ページに収める必要があります。

■ 完成例

色が時間を左右する話

結婚披露宴の会場に行くと、カーペットといえばおしなべて深い赤色を採用している。実はこれには理由があるという。人生における華燭の典を象徴する色だから、ということもあるが、実は「時間」がその理由らしい。深い真紅の色は「時間経過を遅くする」のだそうだ。そんなバカなことがあるだろうか？時間の経過はすべての人に平等ではないか！？

確かに物理的には平等そのものなのだが、心理的にはそうではない。赤や橙など暖色系の色に囲まれていると、私たちは時間を'長く'感じるのだそうだ。例えば被験者に暖色系の部屋に居てもらって、もう 1 時間以上過ぎただろうか？と思われたところで室外に出てきてもらうと、実はまだ 30 分程度だった、ということが実験から確認されている。

つまり披露宴会場での真紅のカーペットは、てきぱきと手際よく短時間で式がすすんでいくにもかかわらず、出席者にはゆったりと時間が流れる充実したいいお式であったという印象を与えるらしい。1 日という限られた時間内に何組もの結婚式を執り行う必要がある式場側にとって、あるいは主催者である新郎新婦にとっても、真紅のカーペットは必需品だったのだ。

これと同じ理由で、きまりきった単調な仕事を繰り返すような場所においては、青や青緑など寒色系の色を採り入れて、時間の経過が早く感じられるような工夫がされている。寒色系の部屋では、実際の時間経過の半分程度にしか感じないという実験結果が得られている。

段区切り

色は黙って仕事する

――赤や青などの「色相」は光の波長によるものである。ほかにも「明度」（明暗の度合い）や「彩度」（鮮やかさの度合い）があり、これら三つの要素によって複雑な「色立体」を形作ることが知られているが、色の働きはそれだけではない。

色が温度を左右する話

そもそも暖色とか寒色という表現をすることからも、色によって感じる温度感があることがわかる。暖色系とは、赤・オレンジ・黄などの波長の長い色で、その色から太陽や火を暗示するため暖かく感じる。逆に寒色系とは、青・青緑・緑青など波長の短い色で、水・空・氷などを暗示するため冷たく感じる。

例えば、ある工場において、女子従業員の欠勤が多発していて、その原因を調査したところ、どうやら更衣室や洗面所の青色光が原因だったという。毎日鏡に映った顔が、青色光と周囲の灰色の壁のせいで青白く病的に見えてしまっていたというのだ。そこで早速壁をベージュ系の色に塗り替えたところ、欠勤が激減したのだという。[1]

また別のレストランでは、モダンな寒色系のインテリアだったところ、客に寒い寒いと訴えられたという。空調の設定温度を上げても苦情は収まらなかったのだが、壁の色をオレンジ色系の色に塗り替えたところ、寒いといわれるどころか同じ空調の温度設定では暑すぎるといわれ、結局元々の設定温度に下げることになった。[2]

このように色による体感温度に差があることの事例は枚挙にいとまがない。暖色系と寒色系の心理的温度差は多数の実験・調査によって 3℃の開きがあると判明している。[2]

<参考文献>

1. 鈴木清美. 色彩見聞録. 千代田区 : ドルフィン出版, 20**.

2. カラーリング研究所. 色とインテリア. 港区 : ゼルコバ書房, 20**.

市ヶ谷華代
余白を狭くして 1 ページに収めてください。
少しスタイリッシュになるようにレイアウトを工夫してください。

実教一郎
3 段組みにしてみました。

市ヶ谷華代
ニニニニニニニニニニニニニ

段区切り

●ダウンロードデータから「演習 10_ 色の話」を開く。（A4・縦向き・余白 / 標準）

1　変更履歴の記録をオンにして次の修正をしてください。
- ・7 行目「物理的には」の前に「確かに」を挿入
- ・21 行目「色によって感じる温度感がある」に波線の下線を設定
- ・2 ページ 3 行目「暖色系と寒色系の心理的温度差は」を 2 行目「多数の実験」の前に移動

2　すべての変更を反映し，変更の記録を停止してください。

3　余白を「狭い」に設定し，ページを 3 段組みにしてください。

4　2 段目 1 行目（空白行）の前，および 2 行目「色が温度を…」の前に段区切りを挿入してください。

5　市ヶ谷華代の 1 つ目のコメントに「3 段組みにしてみました」と返信してください。

6　3 段目 64 行目の「激減したのだという。」の後ろに，登録済み資料文献から引用文献として「鈴木清美　色彩見聞録（20** 年）」を挿入してください。なお，すでにスタイルは「ISO690：参照番号」になっています。

7　3 段目 74 行目「下げることになった。」の後ろと，80 〜 81 行目「判明している。」の後ろの 2 か所に，登録済みの資料文献から引用文献として「カラーリング研究所　色とインテリア（20** 年）」を挿入してください。

8　3 段目 81 行目「＜参考文献＞」の下に文献目録を挿入し，フォントサイズを 9pt に設定してください。

9　市ヶ谷華代の 2 つ目のコメントについて解決を設定してください。

10　ワードアートの左側に高さ 113mm，幅 29mm の縦書きテキストボックスを挿入し，Word ファイル「演習 10_ リード（インポート用）」からテキストを挿入してください。

11　縦書きのテキストボックスの位置を次のとおり設定してください。
- ・水平方向／右方向の距離　80mm，基準：ページ
- ・垂直方向／下方向の距離　60mm，基準：ページ

12　縦書きテキストボックスについて，塗りつぶしなし，枠線なしに設定してください。

13　ワードアートとテキストボックスの下に画像「色鉛筆」を挿入し，文字列の折り返しを前面に変更して，完成例を参照して適宜配置してください。

14　色鉛筆の図に，図の効果として「反射（弱）：オフセットなし」を設定してください。

15　ページの色として「白，背景 1，黒＋基本色 5%」を設定してください。

16　変更履歴／コメントの印刷をオフにし，B5 用紙 1 枚に縮小印刷する設定にしてください。

Excel

30H Academic ▷ Word & Excel 2019

8 表の作成

例題 08 **次のブックを作成しよう** （ファイル名：例題 08_ スイーツ売上）

スーパーさくらやでは部門ごとに売上の日報を作成しています。あなたは担当しているスイーツ部門の商品ごとの売れ行きを集計することになりました。

列幅，セル内の配置，塗りつぶしの色，数値の表示形式

フォント書式 →

行高 →

オートフィル（連続データ）→

セルを結合して中央揃え →

日付の入力 →

数式の入力 →

オートフィル（式のコピー）→

	A	B	C	D	E	F
1	スイーツ部門売上					
2				作成日	20**/7/1	
3	商品ID	商品名	単価	数量	金額	
4	S001	レア&焼チーズ	300	530	¥159,000	
5	S002	いちごのモンブラン	300	340	¥102,000	
6	S003	マロンタルト	450	320	¥144,000	
7	S004	生チョコミニシュー	350	260	¥91,000	
8	S005	ホワイトチョコロール	400	130	¥52,000	
9	S006	ふんわりプリン	250	940	¥235,000	
10	S007	バスクチーズ	300	530	¥159,000	
11	S008	塩キャラメル	500	780	¥390,000	
12	S009	ダブルシュー	300	450	¥135,000	
13	S010	クレープロール	380	570	¥216,600	
14	合計			4,850	¥1,683,600	
15	平均			485	¥168,360	
16	最大			940	¥390,000	
17	最小			130	¥52,000	
18						

基本の関数（SUM，AVERAGE，MAX，MIN）

●ダウンロードデータから「例題 08_ スイーツ売上」を開く。

《 学習内容 》	ここでは表作成の基本を学習しよう。
	●データ：☑入力　☑修正　☑削除　☑オートフィル　☑数式　☑基本の関数 　　　　　☑セルの相対参照 ●セルの書式：☑列幅　☑行高　☑フォント書式　☑数値の表示形式　☑セルの結合 　　　　　☑セル内の配置　☑塗りつぶし　☑罫線 ●印刷　：☑ページ設定

① データを入力しよう

> 日本語IMEのオン/オフはキーで切り替える。

> 文字列データはセルに左揃えで入力される。

> データがセルに格納されるとアクティブセルは下に移動。

> 数値やデータはセルに右揃えで入力される。

	A	B	C	D	E	F
1	スイーツ部門売上			作成者	山田圭亮	
2				作成日		
3	商品ID	商品名	単価	数量	金額	
4	S001	レア&焼チ	200	530		
5		苺のモンブ	300	340		
6		マロンタル	450	320		
7		生チョコミ	350	260		
8		ホワイトラ	400	130		
9		ふんわりテ	250	940		
10		バスクチー	300	530		
11		塩キャラメ	500	780		
12		ダブルショ	300	450		
13		クレープC	380	570		
14	合計					
15	平均					
16	最大					
17	最小					
18						

※列幅を超えたデータは右隣にデータがあると見えなくなる(後で列幅調整)。

1 `Basic` 文字列データを入力する。

対象	セル D2 を選択
操作	❶ 日本語 IME をオン ❷「作成日」と入力し Enter で確定 ❸ もう一度 Enter でセルに入力

2 `Basic` 数値データを入力する。

対象	セル範囲 D4：D13
操作	❶ 日本語 IME をオフ ❷ セル D4 を選択 ❸「530」と入力し Enter でセルに入力 ❹ 入力例を参照し，以降 D13 まで入力

> 「2020/7/1」のように年月日を「/」で区分して入力すると日付のデータになる。年を省略すると当年の日付になる。

3 `Basic` 日付データを入力する。

対象	セル E2 を選択
操作	❶ 日本語 IME をオフ ❷「7/1」と入力し Enter でセルに入力

4 `MOS 2.1.2` オートフィルで連続データを入力する。

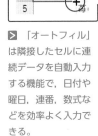

> 「オートフィル」は隣接したセルに連続データを自動入力する機能で，日付や曜日，連番，数式などを効率よく入力できる。

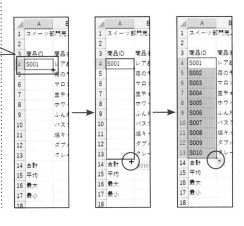

対象	セル範囲 A4：A13
操作	❶ セル A4 を選択 ❷ アクティブセルの右下のフィルハンドル(■)をポイント ❸ 形状が ✛ になったらセル A13 までドラッグ

名前ボックス
(セル位置を表示)　　数式バー
　　　　　　　　　　(セルの入力内容を表示)

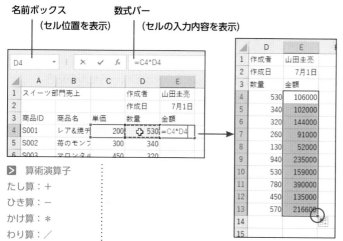

> 算術演算子
たし算：＋
ひき算：－
かけ算：＊
わり算：／
べき乗：＾

5 🔲 **4.1.1** 数式を入力する。

対象	セル範囲 E4：E13
操作	① セル E4 を選択 ② 「＝」と入力 ③ セル C4 をクリック ④ 「＊」を入力 ⑤ セル D4 をクリック ⑥ Enter で数式をセルに入力 ⑦ セル E4 を選択 ⑧ オートフィルで E13 まで数式 　をコピー

※数式に利用したセル位置は，コピーすると
　自動的にセル位置が調整される（セルの相
　対参照）。

2 データを修正，削除しよう

1 Basic 上書きで修正する。

対象	セル C4 を選択
操作	① （データがないものとして） 　「300」と入力 ② Enter でセルに入力

> 編集モードにす
る（カーソル表示）に
は F2 キーでもよ
い。

2 Basic 編集モードで一部を修正する。

対象	セル B5
操作	① 日本語 IME をオン ② セル B5 をダブルクリック ③ カーソルが表示されるので， 　「苺」を削除し，「いちご」と入力， 　Enter で確定 ④ Enter でセルに入力

3 Basic セル内のデータを削除する。

対象	セル範囲 D1：E1 を選択
操作	① Delete で削除

補足⁺ オートフィルオプション

「オートフィル」を実行するとオートフィルオプションが表示される。クリックして一覧から書式の有無など埋めこむ内容を指定できる。始まりのデータにより表示される一覧は異なり連続データを作成できない場合「連続データ」は表示されず，また日付データの場合は週単位や月単位などに変更できる。

③ 基本の関数を入力しよう

▶ Excelには複雑な計算やよく使う数式があらかじめ登録されており、これを「関数」という。

▶ 関数の書式は
関数名(引数)
・関数名：どのような計算をするか
・引数：計算に必要なセル、セル範囲、値など

▶ ［ホーム］－［合計］には、最も基本的な関数が用意されている。

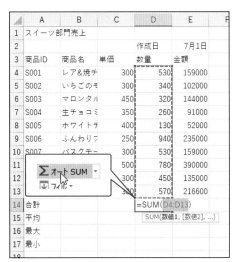

1 ⬛MOS 4.2.1 関数で合計を計算する。

対象	セル範囲 D14：E14
操作	❶ セル D14 を選択 ❷ ［ホーム］－Σオート SUM［合計］ ❸ 「=SUM(D4:D13)」と入力され、自動認識の点線で囲まれたセル範囲が正しいことを確認 ❹ Enter でセルに入力 ❺ セル D14 を選択 ❻ オートフィルで E14 まで数式をコピー

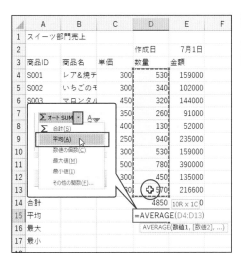

2 ⬛MOS 4.2.1 関数で平均を計算する。

対象	セル範囲 D15：E15
操作	❶ セル D15 を選択 ❷ ［ホーム］－Σオート SUM［合計］の・で「平均」 ❸ 自動認識の点線で囲まれたセル範囲が間違っているので、セル「D4:D13」をドラッグで選択 ❹ 「=AVERAGE(D4:D13)」と変更されたことを確認し、Enter でセルに入力 ❺ セル D15 を選択 ❻ オートフィルで E15 まで数式をコピー

3 ⬛MOS 4.2.1 関数で最大値、最小値を計算する。

対象	セル範囲 D16：E16，D17：E17
操作	「平均」と同様に、 ・最大値：「=MAX(D4:D13)」 ・最小値：「=MIN(D4:D13)」 をそれぞれ入力し、オートフィルでコピー

下段の表：

	A	B	C	D	E
1	スイーツ部門売上				
2				作成日	7月1日
3	商品ID	商品名	単価	数量	金額
4	S001	レア＆焼チ	300	530	159000
5	S002	いちごのも	300	340	102000
6	S003	マロンタル	450	320	144000
7	S004	生チョコミ	350	260	91000
8	S005	ホワイトラ	400	130	52000
9	S006	ふんわりつ	250	940	235000
10	S007	バスクチー	300	530	159000
11	S008	塩キャラメ	500	780	390000
12	S009	ダブルショ	300	450	135000
13	S010	クレープロ	380	570	216600
14	合計			4850	1683600
15	平均			485	168360
16	最大			940	390000
17	最小			130	52000

④ 行の高さや列の幅を調整しよう

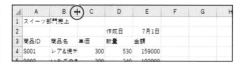

> 列幅を元に戻す
> ときは既定値 8.38
> に調整する。

> 行の境界でダブ
> ルクリックすると行
> 高の既定値 18.75
> に戻る。

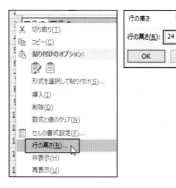

1 MOS 1.3.2 列幅を調整する。

対象	列 B
操作	❶ 列 B と列 C の境界をポイント し形状が✚に変わったらダブル クリック(自動調整)

対象	列 E
操作	❶ 列 E と列 F の境界をポイントし 形状が✚に変わったらドラッグ (ここでは幅 12)

対象	列 C：D(複数列)
操作	❶ 列番号 C：D を選択 ❷ 選択した列の境界をポイントし 形状が✚に変わったらドラッグ (ここでは幅 7)

対象	列 A
操作	❶ 列番号 A を右クリック ❷ 「列の幅」 ❸ 「列の幅」に「6」と入力して [OK]

2 MOS 1.3.2 行高を調整する。

対象	行 14：17(複数行)
操作	❶ 行番号 14：17 を選択 ❷ 選択した行の境界をポイントし 形状が✚に変わったらドラッグ (ここでは高さ 24)

対象	行 3
操作	❶ 行番号 3 を右クリック ❷ 「行の高さ」 ❸ 「行の高さ」に「24」と入力して [OK]

2章

Excel

⑤ セルに書式を設定しよう

▶ 既定は「游ゴシック」「11pt」

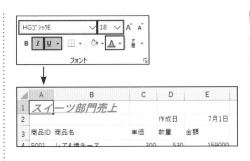

1 Basic フォント書式を変更する。

対象	セル A1 を選択
操作	❶ [ホーム]−[フォント]から「HGゴシック E」 ❷ [ホーム]−[フォントサイズ]から「18」 ❸ [ホーム]−[斜体] ❹ [ホーム]−[下線] ❺ [ホーム]−[フォントの色]から「オレンジ, アクセント 2」

2 MOS 2.2.5 数値の表示形式を設定する。

対象	セル範囲 C4：D17 を選択
操作	[ホーム]−[桁区切りスタイル]

対象	セル範囲 E4：E17 を選択
操作	[ホーム]−[通貨表示形式]

対象	セル範囲 E2 を選択
操作	[ホーム]−[数値の書式]から「短い日付形式」

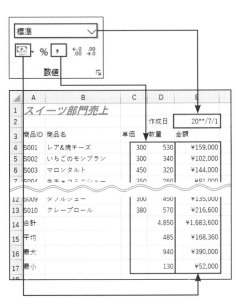

3 MOS 2.2.2 セル内の配置を設定する。

対象	セル範囲 A3：E3 を選択
操作	[ホーム]−[中央揃え]

対象	セル範囲 D2 を選択
操作	[ホーム]−[右揃え]

▶ [Ctrl] を押しながら選択することで, 複数の範囲を選択できる。

▶ [F4] で直前操作を繰り返す方法もある。

▶ セル結合を解除するには

4 MOS 2.2.1 セルを結合する。

対象	セル範囲 A14：C14 を選択 [Ctrl] を押しながら A15：C15 を選択 [Ctrl] を押しながら A16：C16 を選択 [Ctrl] を押しながら A17：C17 を選択
操作	[ホーム]−[セルを結合して中央揃え]

> 塗りつぶしを解除するには[塗りつぶしの色]で「塗りつぶしなし」

> 罫線のボタンは最初[下罫線]であるが、「格子」を使うと[格子]というように最後に利用した内容に変更される。

> 罫線を消去するには「枠なし」

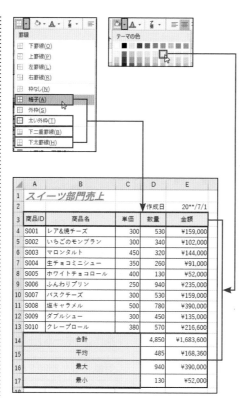

5	Basic	セルを塗りつぶす。

対象	セル範囲 A3：E3 を選択 Ctrl を押しながら A14：A17 を選択
操作	[ホーム]−[塗りつぶしの色]から「灰色, アクセント 3, 基本色＋白 80%」

6	Basic	罫線を引く。

対象	セル範囲 A3：E17 を選択
操作	❶[ホーム]−[下罫線]から「格子」 ❷[ホーム]−[格子]から「太い外枠」

対象	セル範囲 A3：E3 を選択
操作	[ホーム]−[太い外枠]から「下太罫線」

対象	セル範囲 A13：E13 を選択
操作	[ホーム]−[下太罫線]から「下二重罫線」

⑥ ページ設定を変更しよう

> 既定では A4 サイズ，縦向きになっている。

> ワークシートが複数ある場合，ページ設定はワークシートごとに設定。

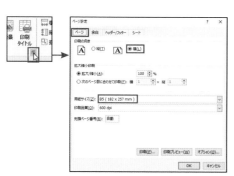

> 「ページ設定」ダイアログ右下の[印刷プレビュー]で直接印刷プレビューできる。

> Excel のブックを開く，保存する方法は Word に準じる(p9 参考)。

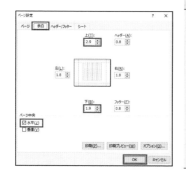

1	Basic	印刷プレビューで確認する。

対象	ワークシート
操作	❶[ホーム]−[印刷] ❷確認後は ← で戻る

2	MOS 1.3.1	ページ設定を変更する。

対象	ワークシート
操作	❶[ページレイアウト]−[ページ設定] ❷「ページ設定」の「ページ」タブで 　印刷の向き：横 　用紙サイズ：B5 ❸「余白」タブで， 　上：2.9cm 　ページ中央：水平☑ ❹「OK」

※印刷プレビューで確認する。

9 表の編集

次のブックを作成しよう （ファイル名：例題 09_ イーブックス売上集計）

ネット書店で販売管理を担当するあなたは，ジャンルごとに上期，下期の売上表を作成し，さらに
年間の売上を集計します。

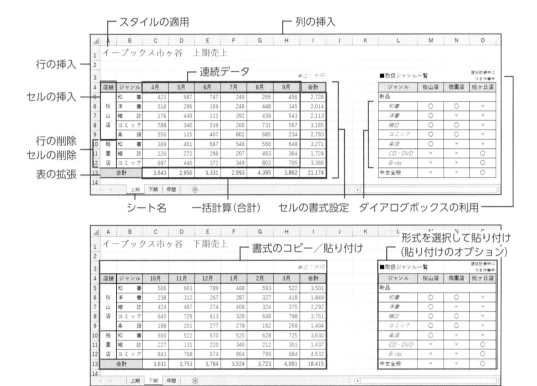

スタイルの適用　　　　　　　　　　　列の挿入

行の挿入

連続データ

セルの挿入

行の削除
セルの削除

表の拡張

シート名　　一括計算（合計）　　セルの書式設定　ダイアログボックスの利用

書式のコピー／貼り付け

形式を選択して貼り付け
（貼り付けのオプション）

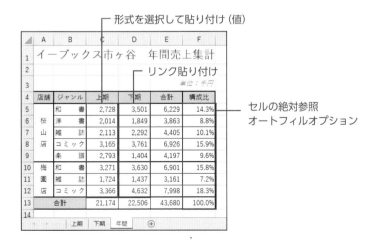

形式を選択して貼り付け（値）

リンク貼り付け

セルの絶対参照
オートフィルオプション

●ダウンロードデータから「例題 09_ イーブックス売上集計」を開く。

《 学習内容 》	ここでは表の自在な編集について学習しよう。
	●セルの書式：☑セルの書式設定ダイアログ（罫線，方向，均等割り付け，折り返して全体を表示，インデント） ☑スタイルの適用 ●表のレイアウト：☑行・列の挿入／削除 ☑セルの挿入／削除 ●表の編集：☑書式のコピー／貼り付け ☑形式を選択して貼り付け（貼り付けのオプション）

① データを入力しよう

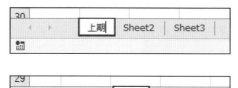

1 Basic シート名を変更する。

対象	シート見出し
操作	❶「Sheet1」をダブルクリックして編集モードにする。 ❷「上期」と入力 ❸「Sheet2」を「下期」に変更 ❹「Sheet3」を「年間」に変更

※シート名変更後は「上期」に戻る。

2 MOS 2.1.2 月の連続データを入力する。

対象	セル範囲 B3：F3
操作	❶ セル B3 を選択 ❷ オートフィルで F3 までドラッグ

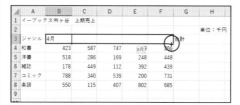

3 Basic 一括で合計する。

対象	セル範囲 B4：G8 を選択
操作	❶ ［ホーム］－［合計］（ Σ オート SUM ）

※ここでは横合計が一括して求められる。

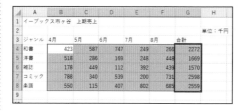

② 「セルの書式設定」ダイアログボックスを利用しよう

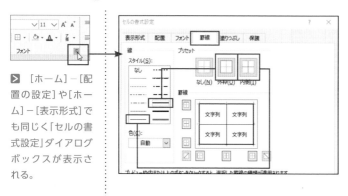

▶ ［ホーム］－［配置の設定］や［ホーム］－［表示形式］でも同じく「セルの書式設定」ダイアログボックスが表示される。

1 MOS 2.2.6 内側と外枠の罫線を引く。

対象	セル範囲 A3：G8 を選択
操作	❶ ［ホーム］－［フォントの設定］ ❷ 「セルの書式設定」の「罫線」タブで， 細い実線で内側 やや太い実線で外枠

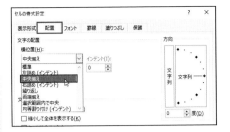

> 「セルの書式設定」ダイアログボックスは，同じセル範囲に複数の書式設定をまとめて設定するときや，リボンにボタンがない場合（均等割り付けなど）に便利。

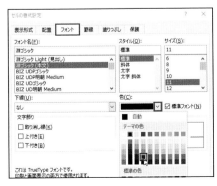

2 [MOS 2.2.6] 配置・罫線・塗りつぶしを設定する。

対象	セル範囲 A3：G3 を選択
操作	❶ ［ホーム］－［フォントの設定］ ❷ 「セルの書式設定」の「配置」タブで， 　横位置：中央揃え ❸ 「セルの書式設定」の「罫線」タブで， 　やや太い実線：プレビューの下線をクリック ❹ 「セルの書式設定」の「塗りつぶし」タブで， 　背景色：緑，アクセント 6，白＋基本色 60％（左図参照）

3 [MOS 2.2.6] 均等割り付けを設定する。

対象	セル範囲 A4：A8 を選択
操作	❶ ［ホーム］－［フォントの設定］ ❷ 「セルの書式設定」の「配置」タブで， 　横位置：均等割り付け（インデント）

4 [MOS 2.2.6] 数値の表示形式・フォントの色を設定する。

対象	セル範囲 B4：G8 を選択
操作	❶ ［ホーム］－［表示形式］ ❷ 「セルの書式設定」の「表示形式」タブで， 　分類：数値 　小数点以下の桁数：0 　桁区切り (,) を使用する：☑ ❸ 「セルの書式設定」の「フォント」タブで， 　色：ブルーグレー，テキスト 2，黒＋基本色 25％

2章

Excel

> テキストの折り返しは[ホーム]－[折り返して全体を表示する]も利用できる。

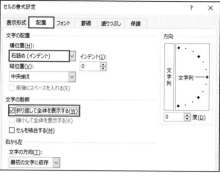

> インデントは[ホーム]－[インデントを増やす]も利用できる。

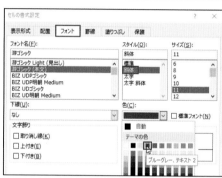

5 MOS 2.2.4 テキストを折り返して表示する。

対象	セル O2 を選択
操作	❶ [ホーム]－[配置] ❷ 「セルの書式設定」の「配置」タブで, 横位置：右詰め（インデント） 文字の制御：折り返して全体を表示するに☑

6 MOS 2.2.2 セルにインデントを設定する。

対象	セル範囲 K5：K11 を選択
操作	❶ [ホーム]－[配置] ❷ 「セルの書式設定」の「配置」タブで, 横位置：左詰め（インデント） インデント：2 ❸ 「セルの書式設定」の「フォント」タブで, スタイル：斜体 色：ブルーグレー, テキスト 2

③ セルにスタイルを適用しよう

> 「スタイル」はフォントや塗りつぶしなど複数の書式をまとめ,名前を付けて登録したものをいう。

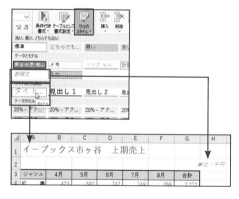

1 MOS 2.2.7 セルのスタイルを適用する。

対象	セル A1 を選択
操作	❶ [ホーム]－[セルのスタイル]から「タイトル」 ❷ [ホーム]－[太字]

対象	セル H2 を選択
操作	❶ [ホーム]－[セルのスタイル]から「説明文」 ❷ [ホーム]－[右揃え]

補足+ 新しいセルのスタイル

ブック内で,複数の書式を何か所も設定したいときは,[ホーム]－[セルのスタイル]の「新しいセルのスタイル」を利用し,登録しておくと便利である。「スタイル」ダイアログボックスの「スタイル名」で自由に名前が付けられる。

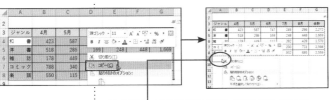

④ 行やセルを削除しよう

▷ ここではショートカットメニューから[コピー][貼り付け]を利用しているが，[ホーム]－[コピー]，[ホーム]－[貼り付け]でもよい。

▷ ここでは表が左右に2つ並んでいる。行単位で削除すると右の表に影響するようならセル単位で削除する。

▷ 列の削除についても，上下に表が並んでいるようなときは同様に注意が必要。

1 Basic データをコピーして貼り付ける。

対象	セル範囲 A4：G8 を選択
操作	❶ 選択範囲で右クリック ❷ [コピー] ❸ セル A9 を右クリック ❹《貼り付けのオプション》から 　[貼り付け]

※コピーモードではコピー元範囲が点滅する点線で表示され，点線が解除されるまで何度も貼り付けが可能である。点線を解除するには次の操作を行うか ESC キーを押す。

2 MOS 2.1.3 行やセルを削除する。

対象	行 13
操作	❶ 行 13（2つめの「楽譜」の行）の 　行番号を右クリック ❷ [削除]

対象	セル範囲 A10：G10 を選択
操作	❶ 選択範囲で右クリック ❷ [削除] ❸ 「削除」で 　削除：上方向にシフト

⑤ 行や列，セルを挿入しよう

▷ 列単位の挿入は選択した列の「左」に挿入される。

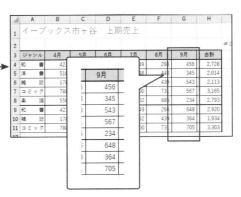

1 MOS 2.1.3 列を挿入してデータを追加する。

対象	列 G
操作	❶ 列 G の列番号を右クリック ❷ [挿入] ❸ セル F3 からオートフィルで 　G3 までドラッグ ❹ セル範囲 G4：G11 に図を参照 　して入力

※挿入された列は，SUM の範囲に自動的に含まれる。

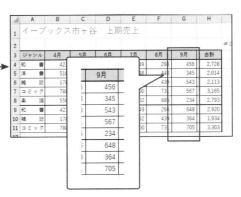

▷ 行単位の挿入は
選択した行の「上」に
挿入される。

▷ 挿入直後に表
示される[挿入オプ
ション]は，挿入し
た行や列の書式を指
定できる。

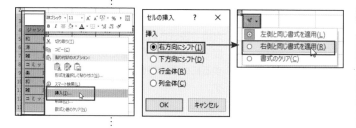

2 2.1.3 行を挿入する。

対象	行 2
操作	❶ 行 2 の行番号を右クリック ❷ [挿入] ❸ ▼(挿入オプション)をクリック して「書式のクリア」

※挿入された行 2 はデータを入力せず空白
行とする。

3 2.1.4 セルを挿入する。

対象	セル範囲 A4：A13 を選択
操作	❶ 右クリックして[挿入] ❷ 「セルの挿入」で， 挿入：右方向にシフト ❸ ▼をクリックして「右側と同じ 書式を適用」

4 Basic セルを整え，表を拡張する。

対象	セル範囲 A5：A9，A10：A12 A13：B13
操作	❶ A5：A9 で[ホーム]－[セルを 結合して中央] ❷ A10：A12 および A13：B13 で F4 キーで繰り返し ❸ セル A4：「店舗」と入力 セル A5：「桜山店」と入力 セル A10：「梅園店」と入力 セル A13：「合計」と入力

対象	セル範囲 C5：I13 を選択
操作	❶ [ホーム]－[合計]

対象	セル範囲 A13：I13
操作	❶ 完成例を参照して 罫線：格子，太い外枠 A13 の塗りつぶし：緑，アクセ ント 6，白+基本色60% C10：G12 についてデータ修正

5 2.2.2 文字の方向を縦書きにする。

対象	セル A5，A10
操作	❶ [ホーム]－[方向]で「縦書き」 ❷ 列幅：5

	A	B	C	D	E	F	G	H	I
1	イーブックス市ヶ谷　上期売上								
2									
3									単位：千円
4	店舗	ジャンル	4月	5月	6月	7月	8月	9月	合計
5		和　　書	423	587	747	249	266	456	2,728
6	桜	洋　　書	518	286	169	248	448	345	2,014
7	山	雑　　誌	178	449	112	392	439	543	2,113
8	店	コミック	788	340	539	200	731	567	3,165
9		楽　　譜	550	115	407	802	685	234	2,793
10	梅	和　　書	369	461	687	546	560	648	3,271
11	園	雑　　誌	120	272	298	207	463	364	1,724
12	店	コミック	697	440	372	349	803	705	3,366
13	合計		3,643	2,950	3,331	2,993	4,395	3,862	21,174
14									

2章 Excel

⑥ 貼り付けの形式を活用しよう

イーブックス市ヶ谷　上期売上

店舗	ジャンル	4月	5月	6月	7月	8月	9月	合計
桜山店	和書	423	587	747	249	266	456	2,728
	洋書	518	286	169	248	448	345	2,014
	雑誌	178	449	112	392	439	543	2,113
	コミック	788	340	539	200	731	567	3,165
	楽譜	550	115	407	802	685	234	2,793
梅園店	和書	369	461	687	546	560	648	3,271
	雑誌	120	272	298	207	463	364	1,724
	コミック	697	440	372	349	803	705	3,366
	合計	3,643	2,950	3,331	2,993	4,395	3,862	21,174

イーブックス市ヶ谷　下期売上

店舗	ジャンル	10月	11月	12月	1月	2月	3月	合計
桜山店	和書	506	603	789	488	593	522	3,501
	洋書	238	312	267	287	327	418	1,849
	雑誌	424	487	274	408	324	375	2,292
	コミック	645	729	613	328	648	798	3,761
	楽譜	188	201	277	278	192	268	1,404
梅園店	和書	560	522	670	525	628	725	3,630
	雑誌	227	131	220	345	212	301	1,437
	コミック	843	768	674	864	799	643	4,632
	合計	3,631	3,753	3,784	3,524	3,723	4,091	18,415

▷ 貼り付けをすると右下に 📋(Ctrl)▾ (貼り付けのオプション)が表示される。クリックすると貼り付けの形式が表示され，貼り付け後に形式を変更できる。

▷ [形式を選択して貼り付け]部分をクリックして表示されるダイアログボックスから形式を選ぶ方法もある。

---

1 (MOS 2.2.3) 書式のコピー／貼り付けを利用する。

対象	コピー元：シート「上期」 貼り付け先：シート「下期」
操作	❶ シート「上期」の A3：I13 を選択 ❷ [ホーム]－[書式のコピー／貼り付け] ❸ マウスポインタの形状が ➕🖌 に変わるので，シート「下期」の A3 をクリック

2 (MOS 2.1.1) 形式を選択して書式を貼り付ける。

対象	コピー元：シート「上期」 貼り付け先：シート「下期」
操作	❶ シート「上期」の L3：O13 を選択 ❷ 選択範囲で右クリック [コピー] ❸ シート「下期」の L3 を右クリック ❹ 《貼り付けのオプション》で「書式設定」 ❺ もう一度シート「下期」の L3 を右クリック ❻ [形式を選択して貼り付け]の ▶ をクリック ❼ 《貼り付け》で「元の列幅を保持」 ❽ シート「上期」に戻り，[ESC]でコピーモード解除

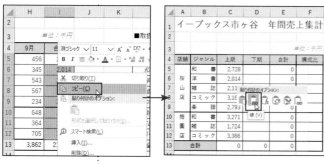

3 [MOS 2.1.1] 形式を選択して値を貼り付ける。

対象	コピー元：シート「上期」 貼り付け先：シート「年間」
操作	❶ シート「上期」の I5：I12 を選択 ❷ 選択範囲で右クリック[コピー] ❸ シート「年間」の C5 を右クリック ❹《貼り付けのオプション》で「値」 ❺ ESC でコピーモード解除

※「上期」で計算された結果の「値」が貼り付けられる。「上期」の各月のデータが変更され合計の値が変更しても，貼り付け先の値は変わらない。

> 貼り付けのオプションではリアルタイムプレビューされるので，確定前に結果を確認できる。

4 [Advance] リンク貼り付けをする。

対象	コピー元：シート「下期」 貼り付け先：シート「年間」
操作	❶ シート「下期」の I5：I12 を選択 ❷ 選択範囲で右クリック[コピー] ❸ シート「年間」の D5 を右クリック ❹《貼り付けのオプション》で「リンク貼り付け」 ❺ ESC でコピーモード解除

※「下期」で計算されたそれぞれのセル位置が貼り付けられる。「下期」の各月のデータが変更され，合計の値が変更されると，リンク貼り付け先も連動して値が変わる。

補足 **形式を選択して貼り付け**

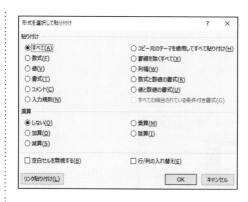

セルにはデータ（文字列・数値・数式・日付）が格納され，書式（フォント書式・配置・数値の表示形式・罫線や塗りつぶしなど），さらにはコメントや入力規則など多くのものが設定されている。

セルやセル範囲のコピーではそれらすべてがコピーされているので，貼り付ける場合にどの内容を貼り付けるのか，貼り付けのオプションや「形式を選択して貼り付け」を利用して選択できる。

⑦ セルの絶対参照を利用しよう

> 構成比を求める式は「各項目の値／項目の合計」

> ここでの数式のうち項目の合計（E13）は数式がコピーされても特定の位置（E13）に固定したい。

> 数式をコピーしてもセル位置を固定するときは **F4** キーで「$」をつける（絶対参照）。

| E13 | ▼ | : | × | ✓ | fx | =E5/$E$13 |

▲	D	E	F	G	H
1	ヶ谷	年間売上集計			
2					
3			単位：千円		
4	下期	合計	構成比		
5	3,501	6,229	=E5/$E$13		
6	1,849	3,863			
7	2,292	4,405			
8	3,761	6,926			
9	1,404	4,197			
10	3,630	6,901			
11	1,437	3,161			
12	4,632	7,998			
13	22,506	43,680			
14					

> ここではすでに引いてあった太罫線に影響がでる。

▲	D	E	F
3			単位：千円
4	下期	合計	構成比
5	3,501	6,229	0.142605
6	1,849	3,863	0.088439
7	2,292	4,405	0.100847
8	3,761	6,926	0.158562
9	1,404	4,197	0.096085
10	3,630	6,901	0.15799
11	1,437	3,161	0.072367
12	4,632	7,998	0.183104
13	22,506	43,680	
14			

> 「書式なしコピー」を選んだことで，数式だけがコピーされたことになる。

▲	D	E	F	G	H	I
3			単位：千円			
4	下期	合計	構成比			
5	3,501	6,229	0.142605			
6	1,849	3,863	0.088439			
7	2,292	4,405	0.100847			
8	3,761	6,926	0.158562			
9	1,404	4,197	0.096085			
10	3,630	6,901	0.15799			
11	1,437	3,161	0.072367			
12	4,632	7,998	0.183104			
13	22,506	43,680	1			
14						
15				セルのコピー(C)		
16				書式のみコピー (フィル)(F)		
17				書式なしコピー (フィル)(O)		
18				フラッシュ フィル(F)		

標準 ∨
% , ←.0 .00

パーセンテージ ∨
% , ←.0 .00
数値

▲	D	E	F
3			単位：千円
4	下期	合計	構成比
5	3,501	6,229	14.3%
6	1,849	3,863	8.8%
7	2,292	4,405	10.1%
8	3,761	6,926	15.9%
9	1,404	4,197	9.6%
10	3,630	6,901	15.8%
11	1,437	3,161	7.2%
12	4,632	7,998	18.3%
13	22,506	43,680	100.0%

1 MOS 2.1.1 絶対参照を利用した数式を入力する。

対象	シート「年間」のセル F5：F13
操作	❶ シート「年間」のセル F5 を選択 ❷ 「=」と入力 ❸ セル E5 をクリック ❹ 「/」を入力 ❺ セル E13 をクリック ❻ カーソルが E13 部分にあることを確認して **F4** キー ❼ 数式が「=E5/$E$13」となったことを確認して **Enter**

2 MOS 2.1.1 オートフィルでコピーする。

対象	シート「年間」のセル F5：F13
操作	❶ シート「年間」のセル F5 を選択 ❷ オートフィルを利用して セル F13 まで数式をコピー

※ここではオートフィルがセルの書式（罫線）をも含めてコピーすることを確認。

3 MOS 2.1.1 オートフィルオプションを利用する。

対象	シート「年間」のセル F5：F13
操作	❶ オートフィルオプションをクリック ❷ 「書式なしコピー（フィル）」

4 Basic 数値の表示形式を整える。

対象	シート「年間」のセル F5：F13
操作	❶ [ホーム]−[パーセントスタイル] ❷ [ホーム]−[小数点以下の表示桁数を増やす]

2章
Excel

10 関数①－カウント・条件処理

例題10　次のブックを作成しよう　　（ファイル名：例題10_シフト表）

イベント会社で新しいプロジェクトが立ち上がり，アルバイト採用のメンバーからシフト希望が提出されました。あなたはチームリーダーとしてアルバイトの勤務シフト表を作成します。

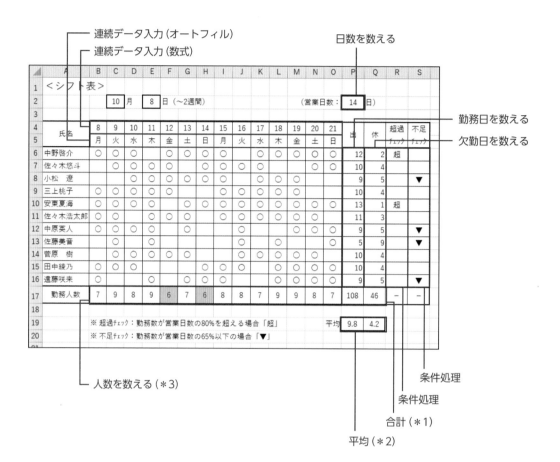

● ダウンロードデータから「例題10_シフト表」を開く。

*1：合計関数は入力済　=IF(COUNT(P6:P16)=0,"",SUM(P6:P16))
*2：平均関数は入力済　=IFERROR(AVERAGE(P6:P16),"")
*3：条件付き書式（p157 例題17 参照）を設定済み（勤務人数が7人未満のとき「濃い赤の文字，明るい赤の背景」）

《 学習内容 》	ここでは，①データの種類ごとに数を数えたり，②条件によって入力処理を変えたりしてみよう。
	●数を数える：☑数値を数える (COUNT) ☑データ数を数える (COUNTA) ☑空白セルを数える (COUNTBLANK) ●条件処理　：☑条件によって入力するデータを変える (IF)

1 連続データを入力しよう

▶ E2 をセル参照しておけば日付の入力が 1 度で済む。

▶ 数式で連続データにしておけば，セル E2 の日付の数値が変わっても日付データの入れ直しが不要となる。

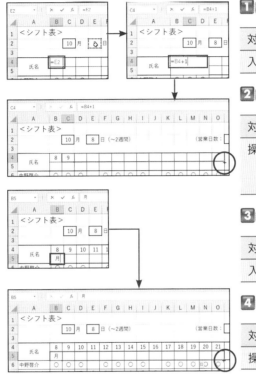

1 Basic 日付 (数値)の初期値を入力する。

対象	セル B4 を選択
入力	=E2

2 Basic 数式で連続データを入力。

対象	セル C4 を選択
操作	❶ 数式「=B4+1」を入力 ❷ オートフィルでセル O4 までドラッグ

3 Basic 曜日の初期値を入力する。

対象	セル B5 を選択
入力	「月」

4 Basic オートフィルで連続データを入力する。

対象	セル B5 を選択
操作	オートフィルでセル O5 までドラッグ

2 セルの内容によって数を数えよう

1 MOS 4.2.2 日数 (数値)を数える (COUNT)。

対象	セル P2 を選択
操作	❶ [ホーム]-[合計]で「数値の個数」 ❷ セル範囲 B4：O4 をドラッグして引数を変更し Enter

補足+ 数を数える関数

数を数える関数は，引数であるセル範囲の内容によって次のものがある。

　　・**COUNT**：数値データの数を数える

　　・**COUNTA**：空白でないセルの数を数える

　　・**COUNTBLANK**：空白のセルを数える

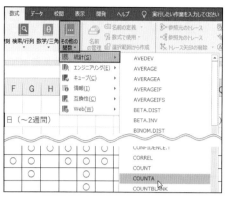

> [数式]-「関数ライブラリ」には,関数の分類ごとのコマンドボタンが並ぶ。該当するボタンをクリックしリストから関数を入力できる。

2 MOS 4.2.2 人数(データ数)を数える(COUNTA)。

対象	セル範囲 B17：O17
操作	❶ セル B17 を選択 ❷ [数式]-[その他の関数] ❸ 「統計」から「COUNTA」 ❹ 「関数の引数」でセル範囲 B6：B16 を選択して[OK] ❺ オートフィルでセル O17 までドラッグしてコピー

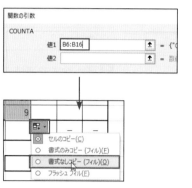

> 「書式なしコピー」をすることで,関数だけがコピーされ,設定済みの下太罫線を残すことができる。

対象	セル範囲 P6：P16
操作	❶ セル P6 を選択 ❷ [数式]-[その他の関数] ❸ 「統計」から「COUNTA」 ❹ 「関数の引数」でセル範囲 B6：O6 を選択して[OK] ❺ オートフィルでセル P16 までドラッグ ❻ オートフィルオプションから「書式なしコピー(フィル)」

> 「=」から順にキーボードで関数のアルファベットを入力すると関数名のリストが表示される。文字を入力するに従って関数が絞り込まれていく。セルに入力すると引数のポップヒントが表示されるので参照できる。

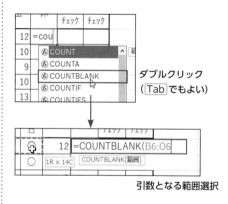

ダブルクリック
([Tab]でもよい)

引数となる範囲選択

3 Basic 空白のセルを数える(COUNTBLANK)。

対象	セル範囲 Q6：Q16
操作	❶ セル Q6 に「=cou」まで入力 ❷ 下に表示される関数名リストから「COUNTBLANK」をダブルクリック ❸ セル範囲 B6：O6 をドラッグ ❹ 引数の後に「)」を入力して[Enter] ❺ オートフィルでセル Q16 までドラッグ ❻ オートフィルオプションから「書式なしコピー(フィル)」

補足 + 関数の入力方法

関数は幾通りか入力方法があるが,結果的に「関数名(引数)」の書式になればよい。
  ❶ [ホーム]の[合計]から「その他の関数」→「関数の挿入」で関数名を選択
  ❷ 数式バーの ƒx (関数の挿入) →「関数の挿入」で関数名を選択
  ❸ [数式]の「関数ライブラリ」にある分類ごとのボタンから関数名を選ぶ
  ❹ 「=」に続けて関数名をキー入力し,下に表示される関数名リストから選ぶ
なお ❶ ❷ ❸ では関数を選択後「関数の引数」が表示されるので,そこで引数を指定する。❹ の場合はポップヒントで表示される引数を参照しながら指定する。

③ 条件によって処理を変えよう

> 「関数の引数」で「超」を入力してカーソルを移動すると自動的に「"超"」となる。
数式の中に文字列が挿入されたので「""」で区別するためである。関数をキー入力しているときは「""」もキー入力する必要がある。

> 値が偽の場合の「""」は「セルを空白にする」という意味である。

> 論理式は左辺右辺を比較する式で、用いる論理演算子は次のとおり。
＝：等しい
＞：より大きい
＞＝：以上
＜＝：以下
＜：より小さい（未満）
＜＞：等しくない

> 「▼」は「さんかく」という読みで変換。

P6>$P$2*80%

"超"

""

※判定条件はセル B19 参照。
P6 に数えた出勤数の値が P2 に数えた営業日数の 80% より大きければ，「超」という判定文字を入力し，そうでなければセルを空白にするという処理になる。

1 `MOS 4.2.3` 超過チェックを判定する（IF）。

対象	セル R6：R16
操作	① セル R6 を選択
	② [数式]－[論理]で「IF」
	③ 「関数の引数」の「論理式」にカーソルを移動
	④ セル P6 をクリック
	⑤ 「>」とキー入力
	⑥ セル P2 をクリックし，[F4] キーで絶対参照指定
	⑦ 「*80%」と入力
	⑧ 「値が真の場合」にカーソルを移動
	⑨ 「超」と入力
	⑩ 「値が偽の場合」にカーソルを移動
	⑪ 「""」（半角）と入力
	⑫ [OK]
	⑬ オートフィルで R16 までドラッグ
	⑭ オートフィルオプションから「書式なしコピー（フィル）」

※「=IF(P6>$P$2*80%," 超 ","")」と入力される。

P6<=$P$2*65%

"▼"

""

2 `MOS 4.2.3` 不足チェックを判定する（IF）。

対象	セル S6：S16
操作	① セル S6 を選択
	② [数式]－[論理]で「IF」
	③ 「関数の引数」で次のとおり設定し，[OK]
	論理式：P6<=$P$2*65%
	値が真の場合："▼"
	値が偽の場合：""
	④ オートフィルで S16 までドラッグ
	⑤ オートフィルオプションから「書式なしコピー（フィル）」

補足＋ IF 関数

何らかの条件によって異なる処理を行う場合に利用する。引数の「論理式」は条件を式の形にしたものであり，判断の基準となる。判定する値がその条件に合っている（真の）場合と，合っていない（偽の）場合とで，それぞれ異なる処理を指定できる。

11　関数②－文字列の処理

例題 11	次のブックを作成しよう	（ファイル名：例題 11_受注データ）

オンラインショップで受注リーダーを務めるあなたは，ホームページのサーバーから毎日の受注データを入手しています。しかし受注データは英数字の羅列なので，これをわかりやすく整形する必要があります。

左から2文字取り出す (LEFT)
3文字目から2文字取り出す (MID)
右から2文字取り出す (RIGHT)
記号で区切りながら文字をつなげる (TEXTJOIN)

	A	B	C	D	E	F	G	H	I	J	K
1	ギフト商品受注一覧										
2	受注日：	1105									
3											
4	受注No	チームCD	担当者CD	受注CD	商品CD	単価	受注数	金額	発送伝票番号	桁数	要確認
5	5001	e1	1804	SY1504	SY	1,500	04	6,000	1105-5001-e1-1804	17	
6	5002	e3	1905	ST2501	ST	2,500	01	2,500	1105-5002-e3-1905	17	
7	5003	e2	1613	MR4502	MR	4,500	02	9,000	1105-5003-e2-1613	17	
8	5004	e1	1504	GN2210	GN	2,200	10	22,000	1105-5004-e1-1504	17	
9	5005	e1	17001	SR3003	SR	3,000	03	9,000	1105-5005-e1-17001	18	NG
10	5006	e2	1603	DK5502	DK	5,500	02	11,000	1105-5006-e2-1603	17	
11	5007	e3	1706	MR4505	MR	4,500	05	22,500	1105-5007-e3-1706	17	
12	5008	e1	1908	SR3001	SR	3,000	01	3,000	1105-5008-e1-1908	17	
13	5009	e2	1910	MR4502	MR	4,500	02	9,000	1105-5009-e2-1910	17	
14	5010	e1	1608	SY1503	SY	1,500	03	4,500	1105-5010-e1-1608	17	
15	5011	e2	1805	SY1501	SY	1,500	01	1,500	1105-5011-e2-1805	17	
16	5012	e2	1917	ST2502	ST	2,500	02	5,000	1105-5012-e2-1917	17	
17	5013	e3		SR3002	SR	3,000	02	6,000	1105-5013-e3	12	NG
18	5014	e3	1602	SY1503	SY	1,500	03	4,500	1105-5014-e3-1602	17	
19	5015	e3	1501	SR3001	SR	3,000	01	3,000	1105-5015-e3-1501	17	
20	5016	e3	1803	MR4502	MR	4,500	02	9,000	1105-5016-e3-1803	17	
21	5017	e2	1506	MR4504	MR	4,500	04				
46	5042	e2	1613	SR3005	SR	3,000	05	15,000	1105-5042-e2-1613	17	
47	5043	e3	1905	SR3002	SR	3,000	02	6,000	1105-5043-e3-1905	17	
48	5044	e3	1804	SR3004	SR	3,000	04	12,000	1105-5044-e3-1804	17	
49	5045	e1	1702	SY1505	SY	1,500	05	7,500	1105-5045-e1-1702	17	
50	5046	e2	1809	GN2203	GN	2,200	03	6,600	1105-5046-e2-1809	17	
51	5047	e2	1501	DK5502	DK	5,500	02	11,000	1105-5047-e2-1501	17	
52	5048	e2	1910	MR4505	MR	4,500	05	22,500	1105-5048-e2-1910	17	
53	5049	e3	1804	ST2503	ST	2,500	03	7,500	1105-5049-e3-1804	17	
54	5050	e3	1706	DK5501	DK	5,500	01	5,500	1105-5050-e3-1706	17	

＊1　＊2

文字数を数える (LEN)

●ダウンロードデータから「例題 11_受注データ」を開く。

＊1：「金額」欄は入力済　=IF(OR(F5="",G5=""),"",F5*G5)　　　＊2：「要確認」欄は入力済　=IF(J5="","",IF(J5=17,"","NG"))

《 学習内容 》	ここでは，データの加工に便利な文字列関数を学習しよう。
	●文字列を取り出す：☑左から指定 (LEFT)　☑途中から指定 (MID) 　　　　　　　　　　☑右から指定 (RIGHT) ●文字列を整える　　：☑文字列をつなげる (TEXTJOIN)　☑数える (LEN)

① 文字列の一部を取り出そう

▶ サーバーから入手するデータは次の内容とする。
・受注日 (4桁)
・受注 No (4桁)
・チーム CD(2桁)
・担当者 CD(4桁)
・受注 CD(6桁)

▶ このうち，「受注 CD」の構成が左から順に
・商品 CD(2桁)
・商品単価 (百円単位で2桁)
・受注数 (2桁)
となっているので，文字列関数を利用して構成の各要素に分ける。

▶ 下方向へのオートフィルはドラッグだけでなくダブルクリックでも可能。(横方向はドラッグのみ)

▶ 「金額」には数式を入力済。

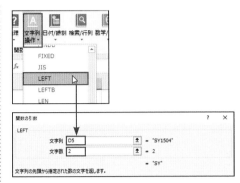

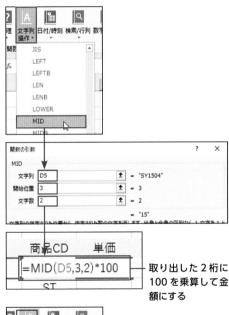

商品CD　　単価
=MID(D5,3,2)*100 ← 取り出した2桁に100を乗算して金額にする

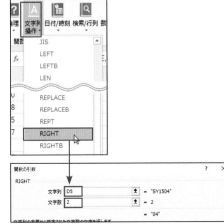

1 MOS 4.3.1 商品CDを取り出す (LEFT)。

対象	セル範囲 E5：E54
操作	❶ セル E5 を選択 ❷ [数式] – [文字列操作関数] から「LEFT」 ❸「関数の引数」で 　文字列：D5 　文字数：2 ❹ セル E5 に戻り，フィルハンドル(■)を+でダブルクリック

2 MOS 4.3.1 単価を取り出す (MID)。

対象	セル範囲 F5：F54
操作	❶ セル F5 を選択 ❷ [数式] – [文字列操作関数] から「MID」 ❸「関数の引数」で 　文字列：D5 　開始位置：3 　文字数：2 ❹ セル F5 に戻りダブルクリックで編集モード ❺ MID の後ろに「*100」を入力 ❻ セル F5 に戻りオートフィルで F54 までコピー

3 MOS 4.3.1 受注数を取り出す (RIGHT)。

対象	セル範囲 G5：G54
操作	❶ セル G5 を選択 ❷ 同様に，「=RIGHT(D5,2)」を入力 ❸ セル G5 に戻りオートフィルで G54 までコピー

② 文字列をつなげてデータを整えよう

▶ 日付, 受注 No, チーム CD, 担当者 CD のデータを「－ (半角)」でつないで, 「発送伝票番号」が自動的に作成されるようにする。

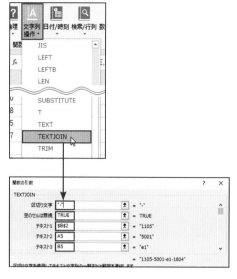

▶ 「桁数」で「発送伝票番号」の文字数を数えて入力チェックに利用している。桁数が 17 桁でない場合, 未入力や入力ミスなど不都合がある可能性がある。

▶ 「要確認」には IF 関数を入力済み。「桁数」が 17 でない場合 NG を表示する。

1 🔲 文字列をつなげて伝票番号を作る。

対象	セル範囲 I5：I54
操作	① セル I5 を選択 ② [数式]－[文字列操作関数]で「TEXTJOIN」 ③ 「関数の引数」で, 区切り文字：-(半角) 空のセルは無視：TRUE テキスト 1：$B$2 テキスト 2：A5 テキスト 3：B5 テキスト 4：C5 ④ セル I5 に戻りオートフィルで I54 までコピー

2 🔲 伝票番号の文字数を数える。

対象	セル範囲 J5：J54
操作	① セル I5 を選択 ② [数式]－[文字列操作関数]で「LEN」 ③ 「関数の引数」で, 文字列：I5 ④ セル J5 に戻りオートフィルで J54 までコピー

 補足 文字列操作関数①

▶ 関数の引数のうち, [ ] で示されるものは省略可。

一部分を取り出したり結合したりするとき, 対象となるデータは, 文字列だけでなく数値でもよい(結果は文字列となる)。書式と機能は次のとおり。

書　式	機　能
LEFT(文字列 [, 文字数])	文字列の左端から指定した文字数分だけ文字列を取り出す
MID(文字列, 開始位置, 文字数)	文字列の指定した開始位置から指定した文字数分取り出す
RIGHT(文字列 [, 文字数])	文字列の右端から指定した文字数分だけ文字列を取り出す
LEN(文字列)	文字列の文字数を数える(全角半角を問わない)
TEXTJOIN(区切り文字, 空のセルは無視, テキスト 1 [, テキスト 2, …])	指定した区切り文字で各テキストを結合する。(p117 参照)

| 例題 12 | 次のブックを作成しよう | （ファイル名：例題 12_担当者名簿） |

総務部で働くあなたは，営業担当者の名刺を発注するため，担当者名簿を作成しています。
名刺の名前部分にはローマ字での表記も入れることになり，会社として表記を統一したいと考えています。

すべて大文字にする（UPPER）
すべて小文字にする（LOWER）
先頭だけ大文字にする（PROPER）
文字列をつなげる（CONCAT）

	A	B	C	D	E	F	G	H	I	J
1	担当者名簿									
2										
3	チームCD	担当者CD	姓	名	姓 (ローマ字)	名 (ローマ字)	Last name (大文字)	First name (小文字)	First name (先頭大文字)	名刺表記 (整形後)
4	e1	1613	大槻	亮汰	otsuki	ryota	OTSUKI	ryota	Ryota	OTSUKI,Ryota
5	e1	1603	神尾	日菜乃	KAMINO	hinano	KAMINO	hinano	Hinano	KAMINO,Hinano
6	e1	1701	鶴田	志歩	tsuruta	shiho	TSURUTA	shiho	Shiho	TSURUTA,Shiho
7	e1	1608	工藤	海音	kudo	umine	KUDO	umine	Umine	KUDO,Umine
8	e1	1506	長沼	凌	naganuma	ryo	NAGANUMA	ryo	Ryo	NAGANUMA,Ryo
9	e1	1912	遠藤	恒	ENDO	HISASHI	ENDO	hisashi	Hisashi	ENDO,Hisashi
10	e1	1504	池元	桃夏	ikemoto	momoka	IKEMOTO	momoka	Momoka	IKEMOTO,Momoka
11	e1	1803	三品	航	mishina	wataru	MISHINA	wataru	Wataru	MISHINA,Wataru
12	e2	1612	浅水	英人	ASAMIZU	HIDETO	ASAMIZU	hideto	Hideto	ASAMIZU,Hideto
13	e2	1908	福井	大夢	fukui	hiromu	FUKUI	hiromu	Hiromu	FUKUI,Hiromu
14	e2	1705	大室	匠	OMURO	takumi	OMURO	takumi	Takumi	OMURO,Takumi
15	e2	1602	村上	翔梧	murakami	shogo	MURAKAMI	shogo	Shogo	MURAKAMI,Shogo
16	e2	1702	鈴木	潤	suzuki	JUN	SUZUKI	jun	Jun	SUZUKI,Jun
17	e2	1809	南	さくら	minami	sakura	MINAMI	sakura	Sakura	MINAMI,Sakura
18	e2	1501	佐藤	葵	sato	aoi	SATO	aoi	Aoi	SATO,Aoi
19	e2	1910	山田	夏実	yamada	natumi	YAMADA	natumi	Natumi	YAMADA,Natumi
20	e3	1804	太田	璃乃	OTA	RINO	OTA	rino	Rino	OTA,Rino
21	e3	1706	山川	史貴	yamakawa	fumitaka	YAMAKAWA	fumitaka	Fumitaka	YAMAKAWA,Fumitaka
22	e3	1507	三浦	香穂	miura	KAHO	MIURA	kaho	Kaho	MIURA,Kaho
23	e3	1917	齋藤	宏治郎	saito	kojiro	SAITO	kojiro	Kojiro	SAITO,Kojiro
24	e3	1805	吉川	友紀子	kikkawa	yukiko	KIKKAWA	yukiko	Yukiko	KIKKAWA,Yukiko
25	e3	1905	渡邊	怜奈	watanabe	rena	WATANABE	rena	Rena	WATANABE,Rena
26										

●ダウンロードデータから「例題 12_担当者名簿」を開く。

2章

Excel

《 学習内容 》	ここでは，データの加工に便利な文字列関数を学習しよう。
	●文字列を整える：☑大文字 (UPPER)　☑小文字 (LOWER) 　　　　　　　　　　☑先頭だけ大文字 (PROPER)　☑文字列をつなげる (CONCAT)

1 大文字小文字を変換しよう

1 MOS 4.3.2 すべて大文字にする (UPPER)。

対象	セル範囲 G4：G25
操作	❶ セル G4 を選択 ❷ [数式]−[文字列操作関数]で「UPPER」 ❸ 「関数の引数」で 　文字列：E4 ❹ セル G4 に戻り，フィルハンドル (■) を╋でダブルクリック

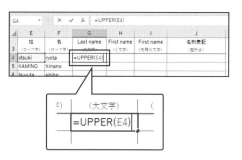

2 MOS 4.3.2 すべて小文字にする (LOWER)。

対象	セル範囲 H4：H25
操作	❶ セル H4 を選択 ❷ 同様に「=LOWER(F4)」と入力 ❸ セル H4 に戻りオートフィルで H25 までコピー

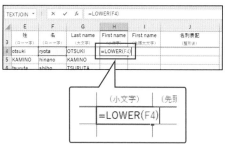

3 Advance 先頭だけ大文字にする (PROPER)。

対象	セル範囲 I4：I25
操作	❶ セル I4 を選択 ❷ 同様に，「=PROPER(F4)」を入力 ❸ セル I4 に戻りオートフィルで I25 までコピー

② 文字列をつなげてデータを整えよう

▶ 名前表記の中の
カンマ (,) は、「姓名
の前後を逆にしてい
る」という意味があ
る。

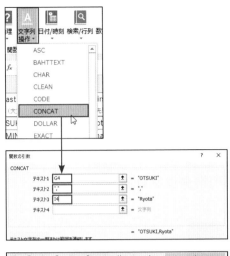

1 [MOS 4.3.3] 文字列をつなげて名刺表記を作る。

対象	セル範囲 J4：J25
操作	① セル J4 を選択 ② [数式]－[文字列操作関数]で「CONCAT」 ③「関数の引数」で 　テキスト1：G4 　テキスト2：","（半角） 　テキスト3：I4 ④ セル J4 に戻りオートフィルで J25 までコピー

 文字列操作関数②－大文字小文字を変換する

英字の大文字や小文字に変換するこれらの関数は、半角、全角を問わない。元の文字が半角なら半角、全角なら全角になる。また文字列に英字以外の文字が含まれている場合は、英字だけが変換され、それ以外はそのままとなる。書式と機能は次のとおり。

書式	機能
UPPER(文字列)	文字列に含まれる英字の小文字を大文字に変換する
LOWER(文字列)	文字列に含まれる英字の大文字を小文字に変換する
PROPER(文字列)	文字列の単語の先頭だけを大文字、他を小文字に変換する (例) 引数の文字列が「rui hachimura」の場合「Rui Hachimura」となる

 文字列操作関数③－文字列を結合する

文字列を結合するとき、対象となるデータは文字列だけでなく数値でもよい（結果は文字列となる）。書式と機能は次のとおり。

書式	機能
TEXTJOIN(区切り文字 , 空のセルは無視 , テキスト 1 [, テキスト 2,…])	
	指定した区切り文字で各テキストを結合する。 空のセルは無視を「FALSE」にすると空のセルの区切り文字も表示される (例) 区切り文字が "-" で、「1105,5034,"",1805」を結合するとき、 　　　FALSE にすると→「1105-5034--1805」 　　　TRUE にすると　→「1105-5034-1805」
CONCAT(テキスト 1 [, テキスト 2,…])	
	引数のテキストを結合する。引数としてセル範囲も指定できる。 (例) CONCAT(B4:E4)

13 グラフの管理

EC 部門で働くあなたは，上半期のダウンロード数を部門別に集計しました。視覚的にわかりやすく表現するため，集計表を元にグラフを作成します。

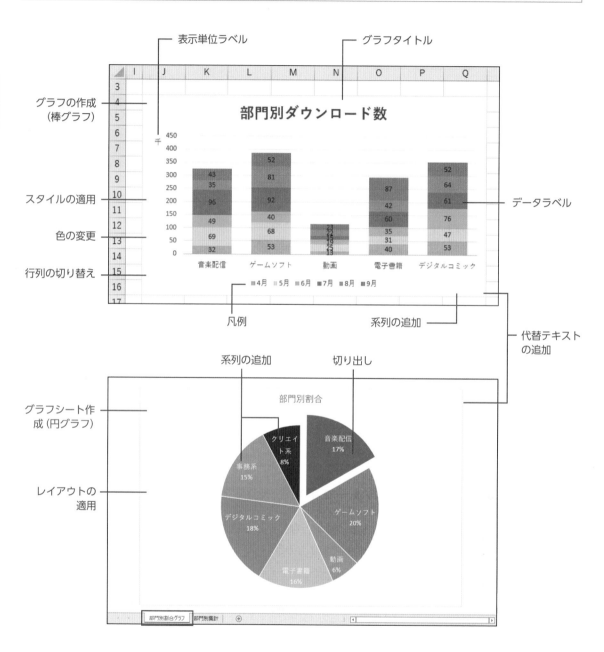

グラフの作成
（棒グラフ）

スタイルの適用

色の変更

行列の切り替え

表示単位ラベル

グラフタイトル

データラベル

凡例

系列の追加

代替テキスト
の追加

系列の追加

切り出し

グラフシート作
成（円グラフ）

レイアウトの
適用

●ダウンロードデータから「例題 13_ダウンロード数分析」を開く。

《 学習内容 》	ここでは，作成や変更，書式設定など，グラフ機能について学習しよう。
	●グラフの作成：☑オブジェクトグラフ　☑グラフシート
	●グラフの変更：☑データ範囲の変更　☑行列の入れ替え　☑グラフ要素の追加・変更
	●グラフの書式設定：☑レイアウトの適用　☑スタイルの適用
	●アクセシビリティ：☑代替テキスト

① グラフを作成しよう

> グラフの元になるデータ範囲には，項目名（タイトル行や最初の列）を含む。グラフの横軸や凡例に表示される。

> 「おすすめグラフ」は，選択されたセル範囲を元に作成できるグラフを一覧表示してくる。

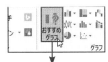

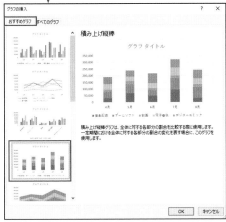

1 **MOS 5.1.1** 積み上げ縦棒グラフを作成する。

対象	セル範囲 A4：F9 を選択
操作	❶ [挿入]－[おすすめグラフ]
	❷ 「グラフの挿入」の「おすすめグラフ」から積み上げ縦棒
	❸ [OK]

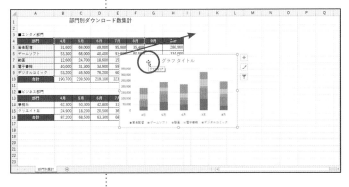

2 **MOS 5.1.1** グラフを移動する。

対象	グラフ
操作	❶ 「グラフエリア」と表示される部分をポイント(🕈)
	❷ 左上がセル J3 になるようにドラッグ

3 **MOS 5.1.1** グラフのサイズを変更する。

対象	グラフ
操作	❶ グラフの右下をポイント(🕈)
	❷ 右下がセル Q16 になるようにドラッグ

> 作成するグラフが決まっている場合は，グラフの種類のボタンを直接利用するとよい。

> グラフエリアを移動したりサイズ変更するとき Alt を押しながらドラッグすると，セルの枠線に合わせることができる。

4 [MOS 5.1.1] 円グラフを作成する。

対象	セル範囲 A4：A9 Ctrl を押しながら H4：H9 を選択
操作	❶ [挿入] − [円またはドーナツグラフの挿入] ❷「2-D 円」を選択 ❸ グラフを移動し，サイズをセル B18：G30 の範囲に調整

② グラフシートを作成しよう

> グラフシートは，グラフ専用の別シートのこと。

> グラフシートのグラフをワークシートに戻すときは，配置先で「オブジェクト」を選び，ワークシートを指定する。移動するとグラフシートは自動的に削除される。

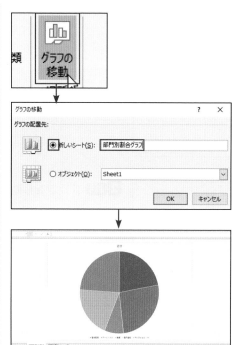

1 [MOS 5.1.2] 円グラフをグラフシートに移動する。

対象	円グラフ
操作	❶ [グラフツール] − [デザイン] ❷ [グラフの移動] ❸「グラフの移動」で， 　グラフの配置先： 　新しいシートで「部門別割合グラフ」と入力 ❹ [OK]

補足＋ クイック分析

> リアルタイムプレビューは，選択肢をポイントして設定後の結果を事前に確認できる機能。やり直しの手間が省ける。

グラフを作成するには [おすすめグラフ] ボタン，グラフの種類のボタンのほかに，🔲（クイック分析）ボタンを利用する方法がある。
🔲 は選択したセル範囲の右下に表示され，クリックするとデータの視覚化機能が選べる。リアルタイムプレビューできるので確定前に確認できる。

③ グラフを変更しよう

1 Basic 表に9月のデータを入力する。

対象	部門別集計／セル G5：G9
操作	❶ 図を参照してデータを入力

▶ グラフと作成元のデータとは連動している。
グラフを選択すると作成元のセル範囲が色付きの枠線で囲まれ，枠線のサイズ変更とグラフが連動する（枠拡大でデータ追加，枠縮小でデータ削除）。また範囲内のデータを修正すると即座にグラフに反映される。

2 MOS 5.2.1 棒グラフにデータ系列を追加する。

対象	棒グラフを選択
操作	❶ グラフのデータ範囲（セル B5：F9）に表示された青い枠線の右下をポイント（🖱） ❷ セル G9 までドラッグ

▶ グラフと離れた場所にあるデータを追加するときは，コピー／貼り付けが利用できる。

▶ 離れた場所にあるグラフのデータを削除する場合は，削除したい系列を選んで右クリックし，[系列の削除]

3 MOS 5.2.1 円グラフにデータ系列を追加する。

対象	部門別集計／セル A14：A15 Ctrl を押しながら H14：H15
操作	❶ [ホーム] － [コピー] ❷ グラフシート「部門別割合グラフ」に切り替える ❸ 円グラフを選択 ❹ [ホーム] － [貼り付け] ❺ ESC でコピーモード解除

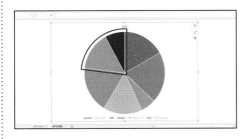

> 既定では，グラフの元になるデータの行（最初の列）と列（タイトル行）の項目数のうち，多い方がグラフの横（項目軸）となる。同数の場合は列見出しが横（項目軸）となる。

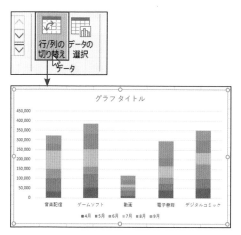

1 MOS 5.2.2 棒グラフの行と列を切り替える。

対象	棒グラフを選択
操作	❶ ［グラフツール］－［デザイン］ ❷ ［行 / 列の切り替え］

補足⁺ グラフの種類と用途

Excel で作成できるグラフには縦棒や円，折れ線などがあり，その中でさらに数種類の形の異なるグラフがある。グラフは，目的に合った適切なものを選ぶ。
主な種類と用途は次のとおり。

種類	用途	種類	用途
縦棒	項目間の数値の大小を比較	円	全体に対する各項目の割合
横棒	数値の比較（順位）	散布図	2 つの項目の相関関係
折れ線	時系列の数値の変化	レーダーチャート	項目全体のバランス

補足⁺ グラフの構成要素

グラフはさまざまな要素で構成されており，それぞれに名前があり，要素をポイントすると要素名がポップアップ表示される。

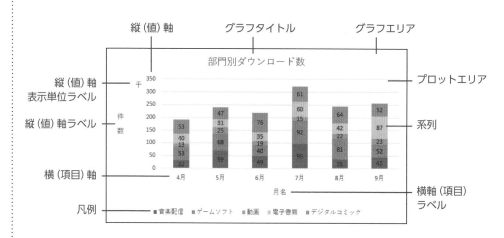

⑤ グラフの要素を追加，変更しよう

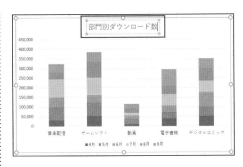

1 ^{MOS}5.2.3 グラフタイトルを変更する。

対象	棒グラフを選択
操作	❶ グラフタイトルをクリック ❷ タイトル枠とカーソルが表示されるので次のとおり修正 「部門別ダウンロード数」

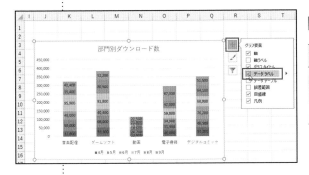

2 ^{MOS}5.2.3 データラベルを追加する。

対象	棒グラフを選択
操作	❶ グラフ枠右上の[グラフ要素] (＋)をクリック ❷ 「データラベル」を☑

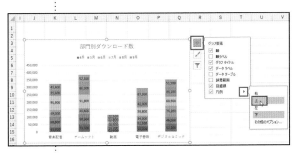

3 ^{MOS}5.2.3 凡例の位置を変更。

対象	棒グラフを選択
操作	❶ グラフ枠右上の[グラフ要素] (＋)をクリック ❷ 「凡例」の右の▶をクリック ❸ 「上」をクリック

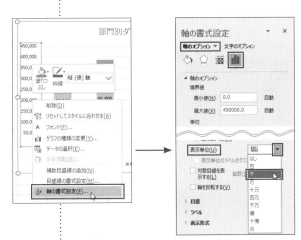

4 ^{MOS}5.2.3 軸の表示単位を変更する。

対象	棒グラフ
操作	❶ 縦(値)軸を右クリック ❷ [軸の書式設定] ❸ 「軸の書式設定」作業ウィンドウの「軸のオプション」 ❹ ▮▮(軸のオプション)で， 表示単位：千

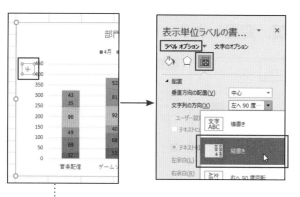

5 Basic 表示単位を縦書きにする。

対象	棒グラフ
操作	① 表示単位ラベルをクリック
	② 作業ウィンドウが「表示単位ラベルの書式設定」に変わるので「ラベルオプション」
	③ ▦ (サイズとプロパティ)で，文字列の方向：縦書き

※設定後は作業ウィンドウを閉じる。

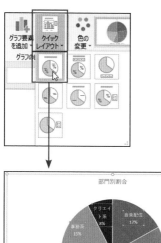

⑥ グラフの書式を設定しよう

1 MOS 5.3.1 レイアウトを適用する。

対象	円グラフを選択
操作	① [グラフツール] − [デザイン]
	② [クイックレイアウト]で，「レイアウト 1」

2 MOS 5.3.1 フォント書式を変更する。

対象	円グラフ
操作	① グラフエリアを選択して 16pt
	② タイトルを選択して 20pt，「部門別割合」と修正
	③ データラベルを選択して，フォントの色：白，背景 1

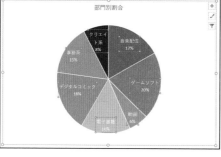

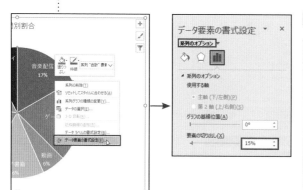

3 Basic 要素を切り出す。

対象	円グラフ
操作	① 「音楽配信」の要素を 2 回クリックして選択
	② 「音楽配信」上で右クリック
	③ [データ要素の書式設定]
	④ 「データ要素の書式設定」作業ウィンドウの「系列のオプション」
	⑤ ▦ (系列のオプション)で，要素の切り出し：15%

※設定後は作業ウィンドウを閉じる。

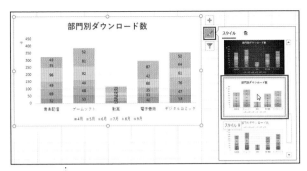

4 MOS 5.3.2 グラフのスタイルを適用する。

対象	棒グラフ
操作	❶ グラフ枠右上の[グラフスタイル]（🖌）をクリック ❷ 一覧から「スタイル 9」を選択

※スタイル 9 を適用したので，上にあった凡例が下に移動している。

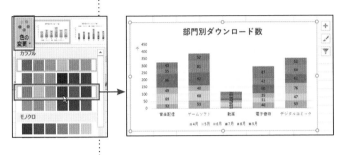

5 Basic グラフの色を変更する。

対象	棒グラフ
操作	❶ [グラフツール] － [デザイン] ❷ [グラフクイックカラー]で，「カラフルなパレット 3」

※[グラフィックカラー]のボタンには「色の変更」と書かれている。

⑦ グラフに代替テキストを追加しよう

> 代替テキストは，読み上げソフトによって読み上げられる。これによりアクセシビリティ向上が図られる（p26 参照）。

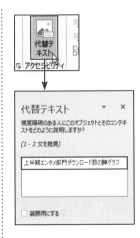

1 MOS 5.3.3 棒グラフに代替テキストを追加する。

対象	棒グラフを選択
操作	❶ [グラフツール] － [書式] ❷ [代替テキストウィンドウを表示します] ❸ 「代替テキスト」作業ウィンドウに次のとおり入力： 　　上半期エンタメ部門ダウンロード数の棒グラフ

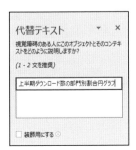

2 Advance 円グラフに代替テキストを追加する。

対象	円グラフを選択
操作	❶ 「代替テキスト」作業ウィンドウに次のとおり入力： 　　上半期ダウンロード数の部門別割合円グラフ

※設定後は作業ウィンドウを閉じる。

例題 14　次のブックを作成しよう　　　　　　　　　　　　（ファイル名：例題 14_ サプリ売上）

サプリメント事業部で営業を担当するあなたは，インターネット通販での売上を管理しています。
10月11月の売上一覧が入手できたので，データ管理の効率化をします。

テーブルの作成，テーブルスタイルの適用，テーブルの拡張，テーブルスタイルのオプション

	A	B	C	D	E	F	G	H
1	売上一覧(11月)					11月売上合計		¥1,313,650
2								
3	明細No	日付	店舗名	商品ID	商品名	単価	数量	金額
4	1101	11月2日	本店	1015	αリポ酸	2,940	30	88,200
5	1102	11月3日	ヤホーサイト	1011	マルチビタミン	1,260	15	18,900
6	1103	11月4日	本店	1013	マルチカロチン	1,000	30	30,000
30	1127	11月8日	ヤホーサイト	1019	インフラMIX	1,000	20	20,000
31	1128	11月9日	天天モール	1015	αリポ酸	2,940	30	88,200
32	1129	11月10日	ヤホーサイト	1017	キトサン	600	15	9,000
33	集計					3,900	24	1,313,650

フィルターで抽出

	A	B	C	D	E	F	G	H
1	売上一覧(11月)					11月売上合計		¥1,313,650
2								
3	明細No	日付	店舗名	商品ID	商品名	単価	数量	金額
7	1104	11月5日	天天モール	1012	マルチミネラル	1,500	15	22,500
8	1105	11月6日	ヤホーサイト	1012	マルチミネラル	1,500	15	22,500
9	1106	11月7日	天天モール	1016	アミノ酸	1,350	15	20,250
14	1111	11月2日	天天モール	1018	アントシアニン	900	50	45,000
16	1113	11月4日	ヤホーサイト	1012	マルチミネラル	1,500	30	45,000
19	1116	11月7日	天天モール	1011	マルチビタミン	1,260	20	25,200
30	1127	11月8日	ヤホーサイト	1019	インフラMIX	1,000	20	20,000

並べ替え

	A	B	C	D	E	F	G	H
1	売上一覧(11月)					11月売上合計		¥1,313,650
2								
3	明細No	日付	店舗名	商品ID	商品名	単価	数量	金額
4	1126	11月7日	アモゾンサイト	1014	コエンザイム	3,900	55	214,500
5	1118	11月9日	アモゾンサイト	1014	コエンザイム	3,900	20	78,000
6	1122	11月3日	アモゾンサイト	1015	αリポ酸	2,940	10	29,400
7	1123	11月4日	アモゾンサイト	1016	アミノ酸	1,350	20	27,000
8	1109	11月10日	アモゾンサイト	1013	マルチカロチン	1,000	15	15,000
9	1115	11月6日	アモゾンサイト	1012	マルチミネラル	1,500	10	15,000
10	1119	11月10日	アモゾンサイト	1017	キトサン	600	25	15,000
11	1124	11月5日	アモゾンサイト	1018	アントシアニン	900	15	13,500
12	1110	11月11日	ヤホーサイト	1014	コエンザイム	3,900	25	97,500

●ダウンロードデータから「例題 14_ サプリ売上」を開く。

《 学習内容 》	ここでは，テーブル機能について学習しよう。
	●テーブルの作成　：☑テーブルの作成　☑テーブル名　☑テーブルスタイル 　　　　　　　　　　　☑セル範囲へ変換 ●テーブルの変更　：☑行・列の追加・削除　☑テーブルスタイルのオプション　☑集計行 ●データベース機能：☑フィルター　☑並べ替え

① テーブルを作成しよう

▶ テーブル作成時のデータ範囲は，アクティブセルを中心に上下左右に連続してデータが入っているセル範囲を自動的に認識する。

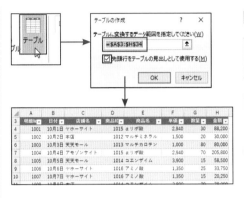

▶ テーブルは先頭行を見出しに，1行に1件分のデータが入力されているデータベースの形式になっている（後述のフィルターや並べ替えに便利）。
なお，1件分のデータのことを「レコード」という。

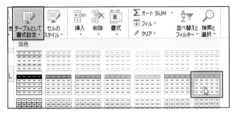

1 MOS 3.1.1　テーブルを作成する。

対象	「10月」シート／データのある任意のセルを選択
操作	❶［挿入］−［テーブル］ ❷「テーブルの作成」で，自動的に選択された範囲を確認 ❸［OK］

※テーブルに変換されると既定のスタイルが設定され，列見出しのセルに▼（フィルターボタン）が表示される。

2 MOS 3.1.1　スタイルを適用してテーブルにする。

対象	「11月」シート／データのある任意のセルを選択
操作	❶［ホーム］−［テーブルとして書式設定］ ❷《淡色》の中から「緑，テーブルスタイル（淡色）14」 ❸「テーブルとして書式設定」で，自動的に選択された範囲を確認 ❹［OK］

補足+　テーブル

テーブルは既定のスタイルで作成する方法と，テーブルスタイルを適用してテーブルに変換する方法とがある。
テーブルになると先頭行に▼が表示されてフィルターモードになり，シートを上下方向にスクロールすると A,B,C…の列番号がテーブルの列見出しに置き換わる。

列番号が置き換わる

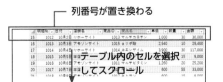

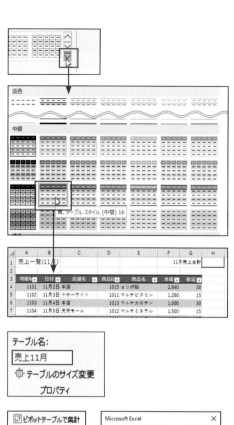

3 [MOS 3.1.2] テーブルスタイルを変更する。

対象	「11月」シート/テーブル内の任意のセルを選択
操作	① [テーブルツール] - [デザイン] ② 「テーブルスタイル」の▽(その他) ③《中間》の中から「青, テーブルスタイル(中間)16」

4 [MOS 2.3.2] テーブルに名前を付ける。

対象	「11月」シート/テーブル内の任意のセルを選択
操作	① [テーブルツール] - [デザイン] ② テーブル名に「売上11月」と入力

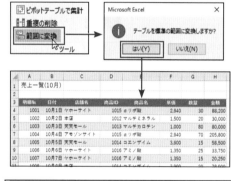

5 [MOS 3.1.3] テーブルをセル範囲に変換する。

対象	「10月」シート/テーブル内の任意のセルを選択
操作	① [テーブルツール] - [デザイン] ② [範囲に変換] ③ 確認メッセージで[はい]

※テーブルが解除されて, セル範囲に戻る([テーブルツール] - [デザイン]は表示されない)。

※上下方向にスクロールしても列番号は変わらない。

テーブルの解除とテーブルスタイルの解除

[範囲に変換]でテーブルを解除すると, テーブルスタイルで設定された書式はそのまま残るが, [テーブルツール] - [デザイン]タブがなくなることでテーブルではなくなったことがわかる。また[テーブルツール] - [デザイン]の「テーブルスタイル」から[クリア]を選択すると, テーブルのスタイルが解除される。ただし書式が解除されるだけで, テーブルそのものが解除されるわけではない([テーブルツール] - [デザイン]タブは残る)。

---

② テーブルを変更しよう

▶ 書式設定された隣のセルに入力すると自動的に同じ書式が設定される（オートコレクト）。テーブルでは列や行単位で書式が設定され，⚡(オートコレクトのオプション)が表示される。

※テーブルが自動的に拡張される。
・項目行，各データ行の縞模様が整えられる。

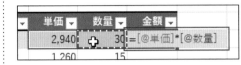

▶ ここでは，「金額」を[@ 単価]*[@ 数量]で計算しているが，まだ単価も数量も未入力のためいったんエラーになる。

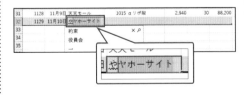

※テーブルが自動的に拡張される。
・セル A32:H2 に塗りつぶし
・E32，F32，H32 に数式が入力される

▶ 同一列内ですでに入力済の文字列があり，読みを途中まで入力すると候補が出て [Enter] で入力できる（オートコンプリート）。
この機能により数式も自動的に入力される。

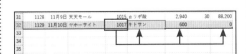

※商品名，単価，金額は上の行で数式が入っていたので，自動的に計算される

---

1 [MOS 3.2.1] 右端列にデータを追加する。

対象	「11月」／セル H3 を選択
操作	① セル H3 に「金額」と入力
	② セル H4 に数式を入力
	・「=」と入力
	・セル F4 をクリック
	・「*」を入力
	・セル G4 をクリック
	数式が入ったら [Enter]
	③ セル範囲 H4：H31 に［桁区切りスタイル］を設定

※テーブルのデータを参照する数式では，セル位置ではなく列見出しで指定される（構造化参照という）。
[Enter] で数式を入力するとテーブル内で自動的に数式がコピーされる。

2 [MOS 3.2.1] 最終行にデータを追加する。

対象	「11月」／セル A32 を選択
操作	① セル A32 に「1129」と入力 [Tab] で右に移動
	② 続けてセル B32 に「11/10」と入力 [Tab] で右に移動
	③ セル C32 に「や」と入力 オートコレクトにより「ヤホーサイト」が候補として表示されるのでそのまま [Enter] [Tab] で右に移動
	④ セル D32 に「1017」と入力 E32，F32，H32 が計算されるのを確認 [Tab] [Tab] で右に 2 つ移動
	⑤ セル G32 に「15」と入力

▷ 集計行では最後の列に自動的に集計結果が表示されてくる。集計方法（合計，個数）はその列のデータの種類による。

3 [MOS 3.2.2] スタイルのオプションを変更する。

対象	「11月」シート／テーブル内の任意のセルを選択
操作	① [テーブルツール] − [デザイン] ② 「テーブルスタイルのオプション」で， 　最後の列に☑ 　縞模様（行）を□ 　縞模様（列）を☑

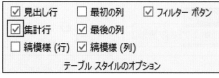

4 [MOS 3.2.3] 集計行を挿入する。

対象	「11月」／テーブル内の任意のセルを選択
操作	① [テーブルツール] − [デザイン] ② 「テーブルスタイルのオプション」で， 　集計行に☑ ③ 金額（H列）とI列の境界をドラッグして列幅を調整する。

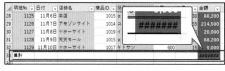

▷ 集計行は「SUBTOTAL」関数で計算される。
=(SUBTOTAL(集計方法 , 参照 1,…)
集計方法は合計が109，平均が101など数字で指定する。

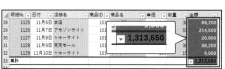

5 [MOS 3.2.3] 集計行を設定する。

対象	「11月」／セル G33 を選択
操作	① ▼をクリック ② 「平均」を選択

対象	「11月」／セル F33 を選択
操作	① ▼をクリック ② 「最大」を選択

▷ 集計行を数式に利用した場合テーブルスタイルのオプションで集計行の☑をはずすと，エラー表示になるが，もう一度集計行をチェックすると表示されてくる。

6 [MOS 4.1.2] 集計行のデータを参照する。

対象	「11月」／セル H1 を選択
操作	① 「=」と入力 ② 集計行の金額のセル H33 をクリックして Enter

※数式は構造化参照され，「=テーブル名[[集計行],[列見出し]]」となっている。

③ テーブルのデータをフィルターしよう

▶ ここではテーブルスタイルのオプションを次の状態で操作する。
最後の列を□
集計行を☑
縞模様（行）を☑
縞模様（列）を□

▶ 「フィルター」は，指定した条件に合った行だけを抽出する機能のこと。

▶ テーブルスタイルが適用されているので抽出後も行方向の縞模様が自動的に調整される。

▶ 詳細な条件を設定したい場合は，一覧から「数値フィルター」「テキストフィルター」「日付フィルター」「色フィルター」などを選択し，「オートフィルターオプション」で条件を指定する。

▶ 複数列で条件を設定すると，すべての条件を満たした行だけが表示される。

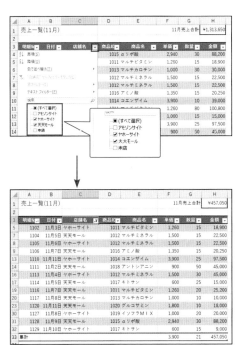

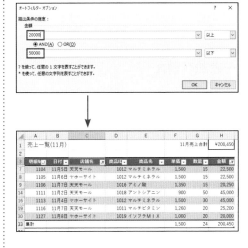

1 「店舗名」でフィルターする。

対象	「11月」／セル C3
操作	❶ 列見出し「店舗名」の▼をクリック ❷ 一覧で「(すべて選択)」を□ ❸ 一覧で「ヤホーサイト」に☑「天天モール」に☑ ❹ [OK]

※「店舗名」が「ヤホーサイト」と「天天モール」の行だけが表示されて行番号が青字になる。
※ステータスバーに「29レコード中14個が見つかりました」と表示される。

2 さらに「金額」でフィルターする。

対象	「11月」／セル H3
操作	❶ 列見出し「金額」の▼をクリック ❷ 一覧で「数値フィルター」をポイント ❸ 「指定の範囲内」をクリック ❹ 「オートフィルターオプション」の「抽出条件の指定」の「金額」で， 左上：「20000」と入力 右上：「以上」を確認 左下：「50000」と入力 右下：「以下」を確認 上下のボックスの間：AND ❺ [OK]

※「店舗名」が「ヤホーサイト」と「天天モール」で，なおかつ「金額」が2万以上5万以下の行だけが表示される。
※ステータスバーには「29レコード中7個が見つかりました」と表示される。

> ［データ］−［クリア］で複数列にある条件をすべて解除できる。

3 MOS 3.3.1 フィルターを解除する。

対象	「11月」／セル H3
操作	① 列見出し「金額」の▼をクリック ② 一覧で「"金額"からフィルターをクリア」 ③ 列見出し「店舗名」の▼をクリック ④ 一覧で「"店舗名"からフィルターをクリア」

4 MOS 3.3.1 「商品名」でフィルターする。

対象	「11月」／セル E3
操作	① 列見出し「商品名」の▼をクリック ② 一覧で「テキストフィルター」をポイント ③ 「指定の値で始まる」をクリック ④ 「オートフィルターオプション」の「抽出条件の指定」の「商品名」で、 　左上：「マルチ」と入力 　右上：「で始まる」を確認 ⑤ ［OK］

※「商品名」が「マルチ」で始まる行だけが表示される。

※ステータスバーには「29レコード中10個が見つかりました」と表示される。

※終了後はフィルターを解除しておく。

補足➕ セル範囲のフィルターと並べ替え

テーブルに変換していない表でも、フィルターや並べ替えができる。
①表内の任意のセルを選択
②［データ］−［フィルター］（オン）
列見出しのセルに▼が表示され、テーブルと同様にフィルターや並べ替えの操作ができる。ただし縞模様が自動的に調整されることはない。

2章 Excel

④ データを並べ替えよう

> 並べ替えを最初の状態に戻すには、［元に戻す］も利用できるが、明細 No のような列を用意し、これを利用した方が確実。

> テーブルスタイルが適用されているので並べ替え後も行方向の縞模様が自動的に調整される。

> 「並べ替え」で、「先頭行をデータの見出しとして使用する」が☑になっているので、表の範囲の先頭行は見出し行とみなし、並べ替え行の対象から除外される。
なお、テーブルの場合にはこれが自動的に☑され、オフにできない。

	A	B	C	D	E	F	G	H
1	売上一覧(11月)					11月売上合計		¥1,313,650
2								
3	明細No	日付	店舗名	商品ID	商品名	単価	数量	金額
4	1126	11月7日	アモゾンサイト	1014	コエンザイム	3,900	55	214,500
5	1118	11月9日	アモゾンサイト	1014	コエンザイム	3,900	20	78,000
6	1122	11月3日	アモゾンサイト	1015	αリポ酸	2,940	10	29,400
7	1123	11月4日	アモゾンサイト	1016	アミノ酸	1,350	20	27,000
8	1109	11月10日	アモゾンサイト	1013	マルチカロチン	1,000	15	15,000
9	1115	11月6日	アモゾンサイト	1012	マルチミネラル	1,500	10	15,000
10	1119	11月10日	アモゾンサイト	1017	キトサン	600	25	15,000
11	1124	11月5日	アモゾンサイト	1018	アントシアニン	900	15	13,500
12	1110	11月11日	ヤホーサイト	1014	コエンザイム	3,900	25	97,500
13	1113	11月4日	ヤホーサイト	1012	マルチミネラル	1,500	30	45,000
14	1105	11月6日	ヤホーサイト	1012	マルチミネラル	1,500	15	22,500
15	1127	11月8日	ヤホーサイト	1019	イソフラMIX	1,000	20	20,000
16	1102	11月3日	ヤホーサイト	1011	マルチビタミン	1,260	15	18,900
17	1129	11月10日	ヤホーサイト	1017	キトサン	600	15	9,000
18	1128	11月9日	天天モール	1015	αリポ酸	2,940	30	88,200

1 [MOS 3.3.2] 「日付」で並べ替える。

対象	「11月」／セル B3
操作	❶ 列見出し「日付」の▼をクリック ❷ 一覧で「昇順」をクリック

※終了後は「明細 No」で昇順に並べ替え、元の状態に戻す。

2 [MOS 3.3.2] 「店舗名」と「金額」の複数列で並べ替える。

対象	「11月」／テーブル内の任意のセルを選択
操作	❶ [データ] － [並べ替え] ❷ 「並べ替え」の「列」で 　列の最優先されるキー：店舗名 　並べ替えのキー：セルの値 　順序：昇順 ❸ [レベルの追加] ❹ 「列」の 　次に優先されるキー：金額 　並べ替えのキー：セルの値 　順序：大きい順 ❺ [OK]

※終了後は「明細 No」で昇順に並べ替え、元の状態に戻す。

得意先営業部ギフト部門で営業事務を担当するあなたは，シートの多いブックを効率的に利用できるよう，ブック内の移動や画面表示について工夫したいと考えています。

名前の定義

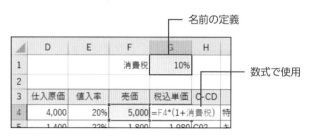

数式で使用

条件を選択してジャンプ（数式）

ハイパーリンク

検索

検索結果

ウィンドウのカスタマイズ
・ウィンドウ枠の固定
・ウィンドウの分割
・ウィンドウの整列

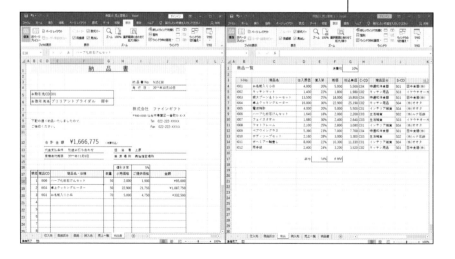

●ダウンロードデータから「例題 15_売上管理」を開く。

《 学習内容 》	ここでは，ブック内の効率的な移動や，表示のカスタマイズについて学習しよう。
	●ブック内の移動：☑名前の定義と活用　☑ブック内の要素で移動　☑ハイパーリンク　☑検索
	●表示のカスタマイズ：☑ウィンドウの固定　☑ウィンドウの分割　☑ウィンドウの整列
	☑数式の表示　☑クイックアクセスツールバーのカスタマイズ

① 名前付き範囲を活用しよう

▶ 名前を定義するには，「名前ボックス」内をクリックしてカーソルを移動して直接入力してもよい。

▶ ［数式］－［名前の管理］でセル範囲に付けられた名前を一覧で確認できる。

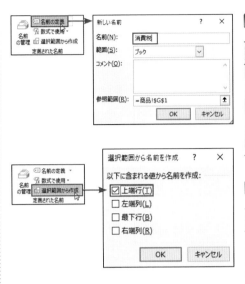

▶ 数式を入力するときにマウスでセルG1をクリックしてもよい。また，数式入力中，直接「消費税」とキー入力してもよい。

▶ セルE17をF17にコピーしても意図した売価の平均にならず，値入率の平均のままである。数式に利用した名前の付いたセル範囲は相対参照されないので注意が必要。

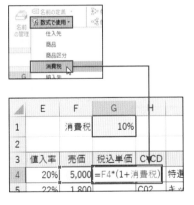

1 (MOS 2.3.1) 名前を定義する。

対象	「商品」シート／セル G1 を選択
操作	❶ ［数式］－［名前の定義］ ❷ 「新しい名前」で， 　　名前：消費税 　　参照範囲：＝商品 !\$G\$1 ❸ ［OK］

2 (MOS 2.3.1) 範囲から名前を定義する。

対象	「商品」シート／セル E3：F15 を選択
操作	❶ ［数式］－［選択範囲から作成］ ❷ 「選択範囲から名前を作成」で， 　　上端行を☑ ❸ ［OK］

3 (MOS 4.1.2) 名前を使用して数式を入力する。

対象	「商品」シート／セル G4：G15
操作	❶ セル G4 に「=F4*(1+」と入力 ❷ ［数式］－［数式で使用］で， 　　「消費税」を選択 ❸ ［数式が「=F4*(1+ 消費税」となるので，「)」を入力して Enter ❹ セル G15 まで数式をコピー

4 (MOS 4.1.2) 名前を使用して関数を入力する。

対象	「商品」／セル E17，F17
操作	❶ セル E17 に「=AVERAGE(」と入力 ❷ ［数式］－［数式で使用］で， 　　「値入率」を選択 ❸ 数式が「=AVERAGE(値入率) となるので，「)」を入力して Enter ❹ 同様に，セル F17 に「=AVERAGE(売価)」と入力

❷ ブック内の要素で移動しよう

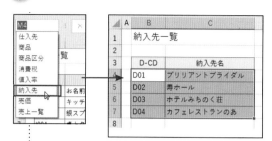

1 ^{MOS}1.2.2 名前ボックスで移動する。

対象	任意のシート／任意のセルを選択
操作	❶ 数式バー左の名前ボックスで▼ をクリック ❷ 登録済のセル範囲の名前の一覧 から「納入先」をクリック

※「納入先」が選択される。

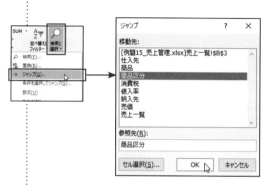

2 ^{MOS}1.2.2 ジャンプ機能を利用する。

対象	任意のシート／任意のセルを選択
操作	❶ [ホーム]－[検索と選択] ❷ 「ジャンプ」で， 　　移動先：商品区分 ❸ [OK]

※「商品区分」が選択される。
※ジャンプの移動先には，登録済のセル範 囲の名前や作業中に移動したセル範囲が 表示される。

3 ^{MOS}1.2.2 条件でジャンプする。

対象	「商品」シート／任意のセルを選択
操作	❶ [ホーム]－[検索と選択] ❷ 「数式」

※数式の入ったセルだけが一度に選択される。

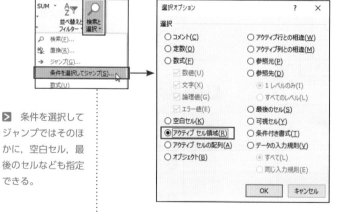

対象	「商品」シート／セル F9 を選択
操作	❶ [ホーム]－[検索と選択] ❷ 「条件を選択してジャンプ」 ❸ 「選択オプション」で「アクティ ブセル領域」を選ぶ ❹ [OK]

※ F9 を中心にデータが連続する範囲が選択 される。

▶ 条件を選択して ジャンプではそのほ かに，空白セル，最 後のセルなども指定 できる。

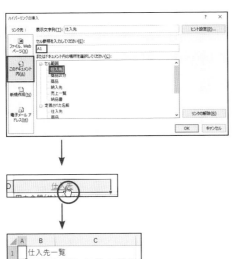

> ■ ハイパーリンクを設定すると，[ホーム]-[セルのスタイル]の「ハイパーリンク」のスタイルが自動的に設定される。

> ■ ハイパーリンクを解除するには，「ハイパーリンクの編集」右下の[リンクの解除]

> ■ 検索は[Ctrl]+[F]でもよい。

> ■ [次を検索]を利用すると該当するセルを1つずつ移動していく。この場合は[Ctrl]+[Home]でセルA1に移動してから始めた方が効率が良い。

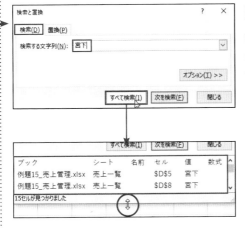

4 MOS 1.2.3 ハイパーリンクを挿入する。

対象	「商品」シート／セルK3を選択
操作	❶ [挿入]-[ハイパーリンクの追加] ❷ 「ハイパーリンクの挿入」で，リンク先： 　このドキュメント内またはドキュメント内の場所を選択してください： 　セル範囲の「仕入先」 ❸ [OK] ❹ 「仕入先」の文字部分をクリックしてジャンプ

※ハイパーリンクが挿入されたセルK3のフォントの色が変わり，下線が引かれる。

5 MOS 1.2.1 データを検索する。

対象	「売上一覧」シート／任意のセルを選択
操作	❶ [Ctrl]+[Home]でセルA1に移動 ❷ [ホーム]-[検索と選択]で「検索」をクリック ❸ 「検索と置換」の「検索」タブで，検索する文字列：宮下 ❹ [すべて検索] ❺ 検査結果の一覧が表示されるので，適宜拡大する。 ❻ 検査結果を1つずつクリックしてアクティブセルが移動していくことを確認

対象	検索結果の5番目（セルD22）を選択
操作	❶ [ホーム]-[フォントの色] ❷ 「赤」

補足 検索のオプション

「検索と置換」ダイアログボックスで，[オプション]をクリックするとダイアログボックスが拡張するので，

　・検索する範囲はシートかブックか
　・検索対象の種類は数式か値か
　・大文字小文字，全角半角の区別

など検索条件の詳細な設定ができる。

---

③ 表示をカスタマイズしよう

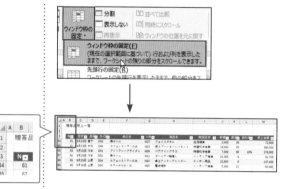

1 MOS 1.4.3　ウィンドウ枠を固定する。

対象	「売上一覧」シート／4行目を選択
操作	❶ [表示]－[ウィンドウ枠の固定] ❷「ウィンドウ枠の固定」

※ 1～3行目が固定され，上下にスクロールしても常に表示される。

2 MOS 1.4.3　ウィンドウ枠を解除する。

対象	「売上一覧」シート／任意のセルを選択
操作	❶ [表示]－[ウィンドウ枠の固定] ❷「ウィンドウ枠固定の解除」

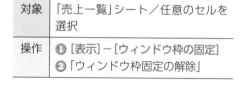

> 分割線はドラッグで適宜移動できる。

3 MOS 1.4.4　ウィンドウを分割する。

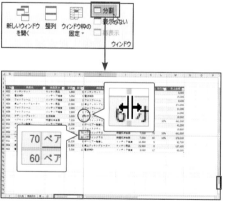

対象	「売上一覧」シート／セルH15を選択
操作	❶ [表示]－[分割]（オン） ❷ 4分割された下側の上下スクロールバーを利用して，適宜下方向へスクロール ❸ 4分割された右側の左右スクロールバーを適宜左にスクロール

※アクティブセルの左上を境界にして上下左右に分割される。
※ [表示]－[分割]をオフにしておく。

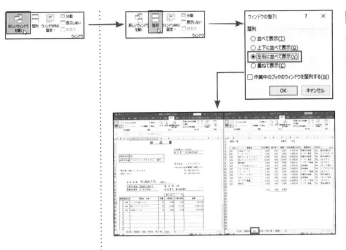

4 MOS 1.4.4 ウィンドウを整列する。

対象	「納品書」シート／任意のセルを選択
操作	① [表示] － [新しいウィンドウを開く] ② 新しく開いた画面で[表示] － [整列] ③ 「ウィンドウの整列」で 　　整列：左右に並べて表示 ④ [OK] ⑤ 右のウィンドウで，シート見出し「商品」を選ぶ。

※整列を確認後，「納品書」のウィンドウを閉じ，「商品」のウィンドウを最大化しておく。

5 MOS 1.4.6 数式を表示する。

対象	「商品」シート／任意のセルを選択
操作	① [表示]で，「数式バー」を□（オフ） ② [数式] － [数式の表示]（オン）

※数式の結果ではなく数式が表示されることを確認。
※[数式の表示]をオフに戻す。
※[表示]で「数式バー」を☑に戻す。

※**数式バーが表示されていない**

> クイックアクセスツールバーはタブに関係なくいつでも表示されているので，すぐ利用できる。

> [クイックアクセスツールバーのユーザー設定]の「その他のコマンド」では，「Excel のオプション」の「クイックアクセスツールバー」が表示され，その他のコマンドのボタンを追加できる。

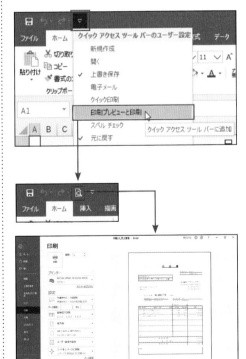

6 MOS 1.4.1 クイックアクセスツールバーをカスタマイズする。

対象	ブック全体
操作	① クイックアクセスツールバーで ▾（クイックアクセスツールバーのユーザー設定） ② 「印刷プレビューと印刷」（✓がつく）

※クイックアクセスツールバーに「印刷プレビューと印刷」が追加されることを確認
※▾で「印刷プレビューと印刷」の✓をはずし，元に戻しておく。

> 得意先営業部で営業事務として働くあなたは，取引先ごとにギフト商品の受注データの取りまとめをしています。四半期の報告書に添付するため一覧を印刷し，PDF として共有フォルダーに保存する必要があります。

ヘッダー

タイトル行の繰り返し

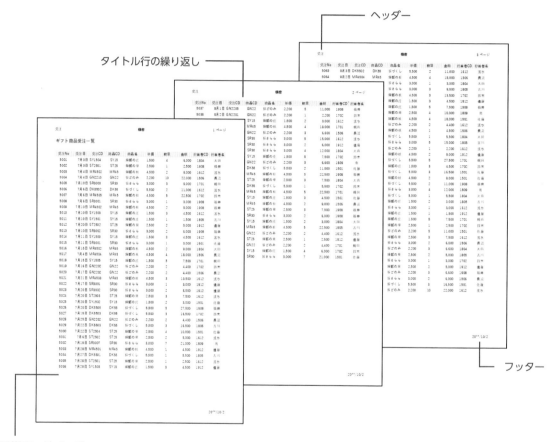

印刷範囲，改ページ

互換性チェック

ドキュメント検査

PDF 保存

●ダウンロードデータから「例題 16_ギフト受注一覧」を開く。

《 学習内容 》	ここでは，印刷や共同作業のための設定について学習しよう。
	●印刷：☑表示モード　☑ヘッダーフッター　☑印刷範囲　☑タイトルの繰り返し　☑印刷設定
	●共同作業のための設定：☑アクセシビリティチェック　☑互換性チェック　☑ブックのプロパティ　☑別形式での保存

① 表示モードを切り替えながら，印刷の設定をしよう

> 「ページレイアウト」ビューは，印刷イメージを確認しながらセルの編集やヘッダーとフッターへの入力ができる。

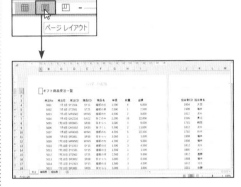

1 ^{MOS 1.4.2} ページレイアウトビューに切り替える。

対象	「受注」シート
操作	ステータスバー右側の[ページレイアウト]

※「ページレイアウト」ビューに切り替わる。
※横方向が1ページに収まらないことがわかる。

> 既定では A4 サイズ，縦向きになっている。（サイズ，向き，余白の変更は p98 参照）

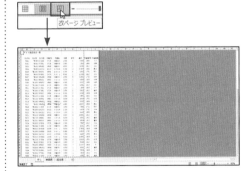

2 ^{MOS 1.4.2} 改ページプレビューに切り替える。

対象	「受注」シート
操作	ステータスバー右側の[改ページプレビュー]

※「改ページプレビュー」に切り替わる。
※用紙サイズに合わせて自動的に改ページが入っている(J列，40行目，79行目が目安)。

> 改ページプレビューは，印刷される範囲が青枠で囲まれた白いセルで表示され，改ページの位置が点線で表示される。
> 改ページ位置は列の左，行の上の境界。

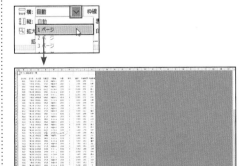

3 ^{MOS 1.5.3} 印刷の倍率を調整する。

対象	「受注」シート
操作	❶[ページレイアウト]－[拡大縮小印刷]で，横：1ページ

※拡大/縮小がここでは自動的に縮小され(85%程度)となり，縦に入った改ページ位置(I列とJ列の境界)が消失する。
※縮小されたことに伴い，行方向に入った改ページ位置も自動的に変わる(47行および93行が目安)。

> J列の改ページの点線をL列までドラッグしてもよい。

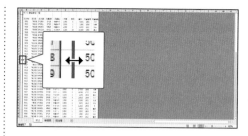

▶ 印刷する範囲を選択し，[ページレイアウト]－[印刷範囲]の「印刷範囲の設定」でもよい。

4 MOS 1.5.1 印刷範囲を変更する。

対象	「受注」シート
操作	❶ A 列の左の青い枠線をポイントし，↔で B 列までドラッグ

※横幅が変わったので，改ページ位置が自動的に変更される。

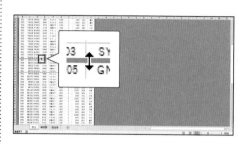

▶ 印刷範囲の変更や改ページ位置の移動にともない，改ページ位置が自動的に変わる。

5 MOS 1.5.3 改ページ位置を変更する。

対象	「受注」シート
操作	❶ 1 ページ下の改ページの破線をポイントし，↕で 40 行(8 月 1 日)までドラッグ

※ページの行数が変わったので，次の改ページ位置が自動的に変更される。

対象	「受注」シート
操作	❶ 2 ページ下の改ページの破線をポイントし，↕で 66 行(9 月 3 日)までドラッグ

▶ 表が複数ページにわたる場合，表の見出し行は最初のページにしか印刷されないので，タイトル行を設定して共通の見出しを印刷するとわかりやすい。

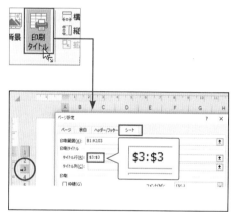

6 MOS 1.5.3 タイトル行の繰り返しを設定する。

対象	「受注」シート
操作	❶ 「ページレイアウト」ビューに切り替える。
	❷ [ページレイアウト]－[印刷タイトル]で「ページ設定」の「シート」タブをクリック
	❸ 「タイトル行」にカーソルを移動
	❹ ワークシート上で行番号 3 をクリック
	❺ 「$3:$3」となったことを確認して[OK]

※ 3 行目の列見出しが 2 ページ目，3 ページ目にも繰り返し表示されることを確認。

▶ タイトル行の繰り返しは標準表示や改ページプレビューでは確認できない。

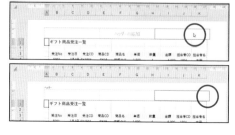

7 MOS 1.3.3 登録済リストからヘッダーを設定する。

対象	「受注」シート
操作	❶ 用紙の上余白部分をポイント
	❷ 3 つのヘッダーエリアのいずれかをクリックしてカーソル移動

▶ 「ページレイアウト」ビューにしたときに横1ページに収まっていないように表示される場合は，再度印刷プレビューにしてみるとよい。

③ [ヘッダー／フッターツール] ー [デザイン]

④ [ヘッダー]から 受注，機密，1ページ

※ヘッダーに指定した内容(左から「シート名」「機密」「ページ番号」)が表示される。2ページ以降も同様。

※実際に入力されるのは，
左 ：&[シート名]
中央：機密(という文字列)
右 ：&「ページ番号」ページ

▶ 日付やページ番号など[ヘッダーフッターツール] ー[デザイン]のボタンで挿入した要素は，文字ではなくフィールド。コンピューターの情報を表示するもので，元の情報が変わると自動的に変更される。

8 [MOS 1.3.3] ボタンでフッターを設定する。

対象	「受注」シート
操作	① 用紙の下余白部分をポイント ② フッターエリアの右をクリックし，カーソルをフッターエリアに移動 ③ [ヘッダー／フッターツール] ー[デザイン] ④ [現在の日付] ⑤ [&[日付]]と入力されたら，任意のセルを選択

※「&[日付]」はコンピューターの日付情報を表示する。任意のセルを選択すると実際のデータ表示になる。

▶ 印刷の対象は既定では「作業中のシート」になっている。ブック全体(全シート)や選択した部分の印刷もできる。

Basic 印刷プレビューで確認する。

対象	「受注」シート
操作	① [ファイル] ー [印刷]

※確認後は でワークシートに戻る。

② アクセシビリティをチェックしよう

1 MOS 1.5.4 アクセシビリティをチェックする。

対象	ブック全体
操作	❶ [校閲] - [アクセシビリティチェック]

※「アクセシビリティ」作業ウィンドウが表示され，エラー箇所が表示される

▶ アクセシビリティについては，p26参照。

2 MOS 1.5.4 代替テキストを追加する。

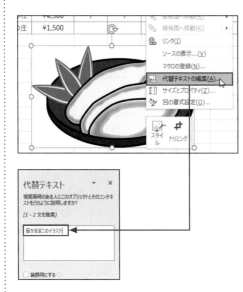

対象	図1（単価表）
操作	❶「アクセシビリティ」の《エラー》で「図1（単価表）」をクリック ❷「アクセシビリティ」の下部の追加情報を確認 ❸ イラストを右クリック ❹ [代替テキストの編集] ❺「代替テキスト」ウィンドウが表示されるので，「笹かまぼこのイラスト」と入力

※操作後は「代替テキスト」「アクセシビリティ」を閉じる。

③ 互換性をチェックしよう

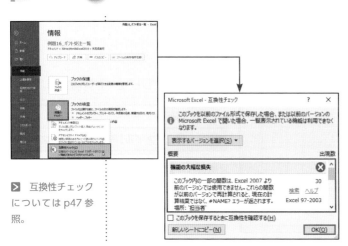

1 MOS 1.5.4 互換性をチェックする。

対象	ブック全体
操作	❶ [ファイル] - [情報] ❷ [問題のチェック]で「互換性チェック」

※「MicrosoftExcel 互換性チェック」が表示されるので，「概要」を確認し，[OK]。

▶ 互換性チェックについては p47 参照。

④ コメントを挿入しよう

▶ コメントを削除するときは，[校閲] － [コメントの削除]

▶ 赤いインジケーターのついたセルをポイントするとコメントが表示される。継続的に表示するには[校閲] － [コメントの表示／非表示]（オンオフ）。すべてのコメントを表示するには[すべてのコメントを表示]（オンオフ）。

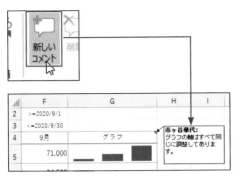

1 Advance コメントを挿入する。

対象	「担当者」シート セル G4 を選択
操作	❶ [校閲] － [コメントの挿入] ❷ 吹き出しが表示されるので，次のとおり入力 「グラフの軸はすべて同じに調整してあります。」

※コメントが挿入されたセルの右上角にインジケーターが表示される（赤）。

2 Advance コメントを編集する。

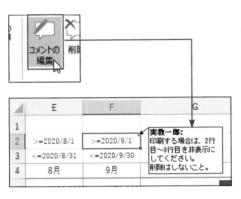

対象	「担当者」シート セル F2 を選択
操作	❶ [校閲] － [コメントの編集] ❷ 吹き出しが表示されるので，吹き出し内をクリックし，次のとおり追加 「削除はしないこと。」

⑤ ドキュメント検査をチェックしよう

▶ [プロパティ] － [詳細プロパティ]でさらに詳細な内容を確認できる。

1 MOS 1.4.5 ブックのプロパティを確認する。

対象	ブック全体
操作	❶ [ファイル] － [情報] ❷ 右下の「プロパティをすべて表示」をクリック ❸ プロパティを確認 　タイトル 　サブタイトル 　作成者 　最終更新者

▶ ドキュメント検査については p69 参照。

2 MOS 1.5.4 ドキュメント検査をする。

対象	ブック全体
操作	❶ [ファイル] － [情報] ❷ [問題のチェック]で[ドキュメント検査]

③ 確認のメッセージが表示されるので[はい]をクリック
④ 「ドキュメントの検査」で[検査]
⑤ 検査結果のうち、「ドキュメントのプロパティと個人情報」を[すべて削除]
　「コメント」と「ヘッダーフッター」は削除しない。
⑥ [閉じる]

⑥ 別の形式で保存しよう

▶ Excelブックを別のファイル形式で保存することを「エクスポート」という。保存できるファイル形式は次のとおり。
・PDFまたはXPS
・Excel97-2003ブック
・テンプレート
・テキスト(タブ区切り)
・テキスト(スペース区切り)
・CSV(コンマ区切り)
▶ 保存については p27参照。

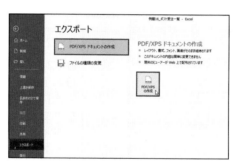

1 MOS 1.5.2　PDF形式で保存する。

対象	「単価表」シート
操作	① [ファイル]-[エクスポート] ② [PDF/XPSの作成] ③ 「PDFまたはXPSで発行」ダイアログボックスで保存先フォルダーを指定 ④ ファイル名として「ギフト商品単価表」と入力 ⑤ ファイルの種類が「PDF」であることを確認 ⑥ [オプション…]をクリック

▶ 下位バージョン保存については p47参照。

⑦「オプション」で,
　発行対象：選択したシート
⑧［OK］
⑨「PDFまたはXPSで発行」に戻って［発行］

※「発行後にファイルを開く」に✓がある場合は，ブラウザーが起動し作成したPDFファイルが開く。

2 MOS 1.5.2 下位バージョンの形式で保存する。

対象	ブック全体
操作	❶［ファイル］－［エクスポート］ ❷［ファイルの種類の変更］で「Excel 97-2003 ブック (*.xls)」 ❸［名前を付けて保存］ ❹「名前を付けて保存」ダイアログボックスで保存先フォルダーを指定 ❺ ファイルの種類が「Excel97-2003 ブック (*.xls)」であることを確認して［保存］ ❻ 互換性がチェックされるので確認して［続行］ ❼ メッセージが表示されるので［はい］

※下位バージョンのブックを開くと，タイトルルバーに［互換モード］と表示される。

▶ 互換モードでは，下位バージョンでサポートされないボタンがグレーアウトして操作できない。
利用するには，［ファイル］－［情報］の互換モードの［変換］をクリックする。

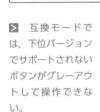

例題16_ギフト受注一覧.xls［互換モード］- Excel

※下位バージョンではサポートされない

| 例題 17 | 次のブックを作成しよう | （ファイル名：例題 17_ 営業成績表） |

人事部で働くあなたは，今後の人事配置等の参考資料として，営業部社員ごとの営業成績，上司による人事考課表を 1 つのブックにまとめることになりました。なお，今年の営業成績と人事考課表はそれぞれ別ファイルで提供されます。

テキストファイルのインポート

範囲に変換

人事考課表

社員名	業務知識	業務意欲	協調性	責任感	積極性	規律性	報連相	実行力	事務管理	企画応用	合計
斎藤 侑斗	8	7	8	6	7	8	6	6	8	7	71
寺島 南奈	9	8	10	8	9	10	9	6	9	9	87
村上 翔梧	10	10	6	8	10	8	9	9	9	9	89
山内 愛佳	7	10	10	9	10	9	9	8	10	8	90
坂上 大歩	6	6	5	7	6	7	4	5	6	7	57
鎧脇 由紀子	8	7	9	8	9	8	8	7	6	6	74
木村 翔平	7	8	8	7	6	8	8	9	8	8	77
岩渕 真由	6	7	8	7	5	7	7	7	5	5	67
平均	7.6	7.8	8.1	7.3	7.5	8.0	8.0	7.1	7.9	7.3	

CSV ファイルのインポート

範囲に変換

条件付き書式　　　　　縦棒スパークライン

営業成績表

氏名	目標	10月	11月	12月	1月	2月	3月	実績	達成率	比較グラフ
斎藤 侑斗	80,000	18,300	13,200	15,600	15,600	17,600	16,800	97,100	121.4%	
寺島 南奈	70,000	12,000	14,300	12,300	1,400	13,000	11,000	64,000	91.4%	
村上 翔梧	68,000	7,500	8,600	10,500	9,000	7,200	9,200	52,000	76.5%	
山内 愛佳	50,000	10,300	14,000	9,200	9,000	8,000	14,300	64,800	129.6%	
坂上 大歩	75,000	6,800	4,000	6,000	7,000	8,300	6,000	38,100	50.8%	
鎧脇 由紀子	66,000	10,000	8,000	12,000	12,000	10,600	11,200	63,800	96.7%	
木村 翔平	72,000	15,200	9,300	11,000	16,000	13,000	12,600	77,100	107.1%	
岩渕 真由	58,000	9,000	10,000	10,000	10,300	11,000	7,000	57,300	98.8%	
合計	539,000	89,100	81,400	86,600	80,300	88,700	88,100	514,200	95.4%	

条件付き書式の削除　　　　　折れ線スパークライン

営業成績表

氏名	目標	10月	11月	12月	1月	2月	3月	実績	達成率	推移グラフ
斎藤 侑斗	80,000	15,300	12,500	13,800	14,300	18,600	15,200	89,700	112.1%	
寺島 南奈	70,000	10,000	15,200	10,200	13,000	12,600	10,300	71,300	101.9%	
村上 翔梧	68,000	6,400	9,000	7,800	8,500	7,500	8,000	47,200	69.4%	
山内 愛佳	50,000	11,500	15,000	8,100	9,300	7,400	12,800	64,100	128.2%	
坂上 大歩	75,000	6,400	5,000	4,400	6,400	6,500	7,300	36,000	48.0%	
鎧脇 由紀子	65,000	9,600	9,000	11,600	10,800	9,000	10,400	60,400	92.9%	
木村 翔平	72,000	18,700	8,700	10,600	12,800	12,700	18,500	82,000	113.9%	
岩渕 真由	58,000	8,000	7,600	9,000	11,000	10,400	9,000	55,000	94.8%	
合計	538,000	85,900	82,000	75,500	86,100	84,700	91,500	505,700	94.0%	

勝敗スパークライン

比較勝敗表

氏名	10月	11月	12月	1月	2月	3月	勝敗グラフ
斎藤 侑斗	3,000	700	1,800	1,300	-1,000	1,600	
寺島 南奈	2,000	-900	2,100	-11,600	400	700	
村上 翔梧	1,100	-400	2,700	500	-300	1,200	
山内 愛佳	-1,200	-1,000	1,100	-300	600	1,500	
坂上 大歩	400	-1,000	1,600	600	1,800	-1,300	
鎧脇 由紀子	400	-1,000	400	1,200	1,600	800	
木村 翔平	-3,500	600	400	3,200	300	-5,900	
岩渕 真由	1,000	2,400	1,000	-700	600	-2,000	

●ダウンロードデータから「例題 17_ 営業成績表」を開く。

<table>
<tr><th>《 学習内容 》</th><th>ここでは，別ファイルからのインポートと視覚に訴えるシート作成について学習しよう。</th></tr>
</table>

●インポート：☑テキストファイルのインポート　☑csv ファイルのインポート
●データの視覚化：☑スパークライン　☑条件付き書式の設定と削除

---

① テキストファイルをインポートして，データを利用しよう

▷ タブ区切りテキストファイルであることの確認は，
・拡張子「.txt」
・ファイルアイコン

▷ 「データの取り込み」ではファイルの種類が csv かテキストに絞り込まれて一覧される。

▷ 「読み込み」を利用すると新規シートが追加されて A1 から読み込まれる。
ここでは読み込み先を指定する。

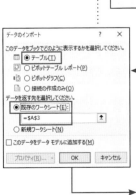

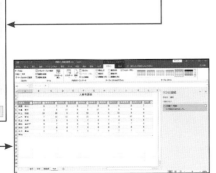

1 Basic テキストファイルを確認する。

対象	「例題 17_ 考課 .txt」ファイル
操作	メモ帳で「例題 17_ 考課 .txt」を開き，タブで区切られていることを確認

※確認後はメモ帳を閉じる。

2 MOS 1.1.1 テキストデータをインポートする。

対象	「考課」シート／セル A3 を選択
操作	❶ [データ]－[テキストまたは CSV から] ❷ 「データの取り込み」で，ダウンロードデータから「例題 17_ 考課 .txt」を選択 ❸ [インポート] ❹ 「例題 17_ 考課 .txt」ウィンドウが表示されるので，次の点を確認する。 区切り記号：タブ 各列の列見出しとデータ ❺ 「読み込み」で「読み込み先」を選択 ❻ 「データのインポート」で，このデータをブックでどのように表示するかを選択してください：テーブル データを返す先を選択してください：既存のワークシート，「=\$A\$3」 ❼ [OK]

※「考課」シートセル A3 を基点にデータが読み込まれる。
※「クエリと接続」作業ウィンドウが表示され，「9 行読み込まれました。」と表示される。

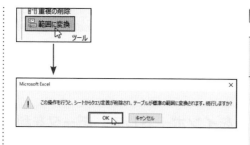

3 `MOS 3.1.3` テーブルを範囲に変換する。

対象	「考課」シート／テーブル「例題 17_考課」内の任意のセルを選択
操作	❶ [テーブルツール] − [デザイン]で[範囲に変換] ❷ メッセージが表示されるので[OK] ❸ 「クエリと接続」作業ウィンドウを閉じる。

※範囲に変換されてもテーブルスタイルの書式は残る。

4 `MOS 2.2.8` セルの書式をクリアする。

対象	「考課」シート／セル A3：L12 を選択
操作	❶ [ホーム] − [クリア] ❷ 「書式のクリア」

5 `Basic` 合計を計算する。

対象	「考課」シート／セル L4：L11
操作	❶ セル B4：L11 を選択 ❷ [ホーム] − [合計]

6 `Basic` 平均を計算する。

対象	「考課」シート／セル B12：K12
操作	❶ セル B12：K12 を選択 ❷ [ホーム] − [合計]から「平均」

罫線：格子,
線の色：薄い灰色, 背景 2, 黒＋基本色 50%

列の幅：5, 折り返して全体を表示する

	A	B	C	D	E	F	G	H	I	J	K	L
1						人事考課表						
2												
3	社員名	業務知識	業務意欲	協調性	責任感	積極性	規律性	報連相	実行力	事務管理	企画応用	合計
4	斎藤　侑斗	8	7	8	6	7	8	6	6	8	7	71
5	寺島　南奈	9	8	10	8	9	10	9	6	9	9	87
6	村上　翔梧	10	10	6	8	10	8	9	10	9	9	89
7	山内　愛佳	7	10	9	9	10	9	9	8	10	8	90
8	坂上　大歩	6	5	6	5	7	6	7	4	5	6	57
9	館脇　由紀子	8	7	9	8	6	8	8	7	7	6	74
10	木村　翔平	7	8	8	7	8	8	8	9	8	8	77
11	岩渕　真由	6	7	8	7	5	7	8	7	7	5	67
12	平均	7.6	7.8	8.1	7.3	7.5	8.0	8.0	7.1	7.9	7.3	

小数点以下の表示桁数：1

中央揃え,
塗りつぶしの色：灰色, アクセント 2, 白＋基本色 80%

罫線：右下がり罫線

7 `Basic` 表の体裁を整える。

対象	「考課」シート／セル A3：L12
操作	❶ 完成例を参考に体裁を整える（同じでなくてかまわない）。

② csvファイルをインポートして，データを利用しよう

▶ csv テキスト ファイルであること の確認は，
・拡張子「.csv」
・ファイルアイコン

1 Basic csvファイルを確認する。

対象	「例題17_営業成績.csv」ファイル
操作	メモ帳で「例題17_営業成績.csv」を開き，カンマで区切られていることを確認

※確認後はメモ帳を閉じる。

2 MOS 1.1.2 csvデータをインポートする。

対象	「今年」シート／セルA3を選択
操作	① [データ] − [テキストまたはCSVから]
	② 「データの取り込み」で，ダウンロードデータから「例題17_営業成績.csv」を選択
	③ [インポート]
	④ 「例題17_営業成績.csv」ウィンドウが表示されるので，次の点を確認する。 区切り記号：コンマ プレビューのデータの各列
	⑤ [データの変換]

▶ [データ変換] をクリックすると Power Query エ ディターが起動する。
▶ Power Query エディターは，データ の抽出，列の削除， データ型の変更， テーブルの結合な ど，データの整理を することができる。

▶ ここではデータ の1行目を見出し 行と認識できなかっ たので修正が必要。 また「前年実績」の列 を削除する。

⑥ 「Power Query エディター」が 表示されるので，列見出しと列 のデータを確認

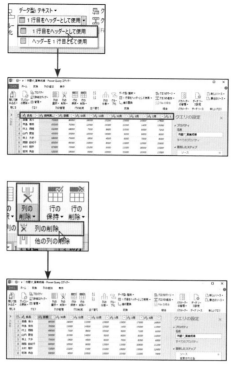

⑦ [ホーム] - [1行目をヘッダー
として使用]

⑧ 前年実績(2列目)を選択し,
[ホーム] - [列の削除]

⑨ [ホーム] - [閉じて読み込む]で
「閉じて次に読み込む」を選択

▶ 「閉じて読み込
む」を利用すると新
規シートが追加され
てA1から読み込ま
れる。
ここでは読み込み先
を指定する。

⑩ 「データのインポート」で,この
データをブックでどのように表
示するかを選択してください:
テーブル
データを返す先を選択してく
ださい:既存のワークシート,
「=$A$3」
⑪ [OK]

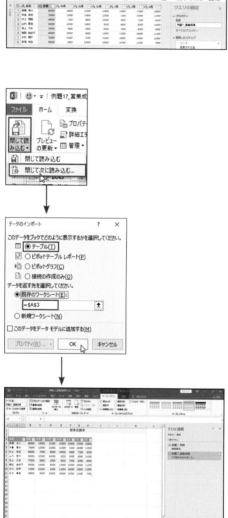

※「今年」シートセルA3を基点にデータが読
み込まれる。
※「クエリと接続」作業ウィンドウに「8行読
み込まれました。」という表示が追加され
る。

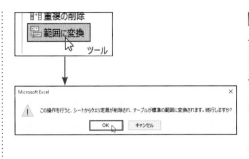

3 [MOS 3.1.3] テーブルを範囲に変換する。

対象	「今年」シート／テーブル「例題17_営業成績」内の任意のセルを選択
操作	❶[テーブルツール]−[デザイン]で[範囲に変換] ❷メッセージが表示されるので[OK] ❸「クエリと接続」作業ウィンドウを閉じる。

※範囲に変換されてもテーブルスタイルの書式は残る。

4 [MOS 2.2.8] セルの書式をクリアする。

対象	「今年」シート／セルA3：H11を選択
操作	❶[ホーム]−[クリア] ❷「書式のクリア」

5 [Basic] 項目を追加し，合計を計算する。

対象	「今年」シート
操作	❶項目を追加 　I3：実績　　　　J3：達成率 　K3：比較グラフ　A12：合計 ❷セルC4：I11を選択し，[ホーム]−[合計] ❸セルB4：I12を選択し，[ホーム]−[合計] ❹セルJ4：J12を選択し，数式「=I4/B4」と入力し，[Ctrl]+[Enter]

6 [MOS 2.2] 表の体裁を整える。

対象	「今年」シート／セルA3：K12
操作	❶完成例を参考に体裁を整える（同じでなくてかまわない）。

行の高さ：30

中央揃え，
塗りつぶしの色：ゴールド，アクセント2，白＋基本色80%

罫線：格子，
線の色：ゴールド，アクセント4，黒＋基本色25%

罫線：右下がり罫線

桁区切りスタイル

パーセントスタイル，
小数点以下の表示桁数：1

中央揃え，
塗りつぶしの色：ゴールド，アクセント2，白＋基本色80%

③ スパークラインを挿入しよう

❶ 縦棒スパークライン

> スパークライン
は，1行のセル範囲
を1系列として，1
つのセルに自動的に
グラフを作成する
（系列の最大値最小
値で自動的にスケー
ルが決まる）。

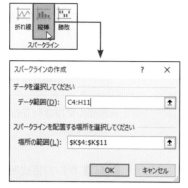

> ここでは隣り
合った系列同士で比
較ができるように縦
軸のスケールを揃え
ていく。

> ここでは一度に
複数のスパークライ
ンを作成している。
これらは自動的にグ
ループ化され，1つ
のセルを選択すると
他のスパークライン
のセルも含んで青枠
で選択され，種類，
スタイルなどの変更
はグループ全体に及
ぶ。

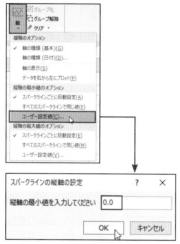

1 [MOS 2.4.1] 縦棒スパークラインを挿入する。

対象	「今年」シート／セル K4：K11
操作	❶ [挿入] － [縦棒スパークライン] ❷ 「スパークラインの作成」で， 　　データ範囲：セル C4：H11 　　場所の範囲：$K$4：$K$11 ❸ [OK]

2 [MOS 2.4.1] スパークラインの軸の最小値を揃える。

対象	「今年」シート／セル K4：K11
操作	❶ [スパークラインツール] － [デザイン] ❷ [スパークラインの軸]の《縦軸の最小値のオプション》から「ユーザー設定値」 ❸ 「スパークラインの縦軸の設定」で， 　　縦軸の最小値を入力してください：「0」 ❹ [OK]

3 [MOS 2.4.1] スパークラインの軸の最大値を揃える。

対象	「今年」シート／セル K4：K11
操作	❶ [スパークラインツール] － [デザイン] ❷ [スパークラインの軸]の《縦軸の最大値のオプション》から「すべてのスパークラインで同じ値」

 補足 スパークラインの種類

スパークラインには次の種類があり，目的に合わせて適切なものを選ぶ。
- ・折れ線スパークライン：時間の経過に対する数値の推移をみる
- ・縦棒スパークライン：項目間の数値を比較する
- ・勝敗スパークライン：数値の正負を判別する

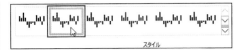

4 MOS 2.4.1 スパークラインスタイルを変更する。

対象	「今年」シート/セルK4：K11
操作	❶ [スパークラインツール]－[デザイン] ❷ [スタイル]から「茶，スパークラインスタイルアクセント2，黒＋基本色50%」

5 MOS 2.4.1 頂点を表示する。

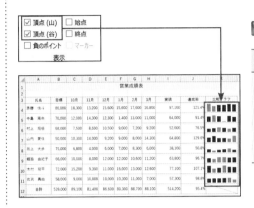

対象	「今年」シート/セルK4：K11
操作	❶ [スパークラインツール]－[デザイン] ❷ 「表示」で， 頂点(山)に☑ 頂点(谷)に☑

② 勝敗スパークライン

▷ ここでの数式入力はシート間を移動しながらセル参照（クリック）するので，数式バーを確認しながら入力するとよい。

1 Basic 前年との差を計算する。

対象	「勝敗表」シート/セルB4：G11
操作	❶ セルB4に数式「＝今年!C4－前年!C4」と入力 ❷ セルB11までコピー ❸ セルG11までコピー

2 MOS 2.4.1 勝敗スパークラインを挿入する。

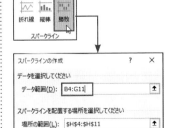

対象	「勝敗表」シート/セルH4：H11
操作	❶ [挿入]－[勝敗スパークライン] ❷ 「スパークラインの作成」で， データ範囲：セルB4：G11 場所の範囲：$H$4：$H$11 ❸ [OK]

> 勝敗スパークラインは,「赤, スパークライン濃色＃5」のスタイルを既定として作成される。

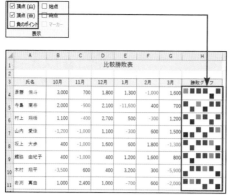

3 [MOS 2.4.1] 頂点を表示する。

対象	「勝敗表」シート／セル H4：H11
操作	❶ ［スパークラインツール］－［デザイン］の「表示」で, 頂点(山)に☑, 頂点(谷)に☑ 負のポイント□ ❷ ［スパークラインツール］－［デザイン］－［マーカーの色］の「頂点(山)」で「緑」

③ スパークラインの変更

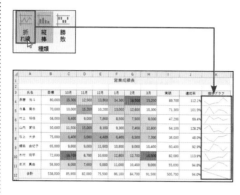

1 [MOS 2.4.1] スパークラインを変更する。

対象	「前年」シート／セル K4：K11
操作	❶ ［スパークラインツール］－［デザイン］ ❷ ［折れ線スパークラインに変換］

※ここでは各系列の推移をみるので, 軸の調整はされていない。

2 [MOS 2.4.1] マーカーを表示する。

対象	「前年」シート／セル K4：K11
操作	❶ ［スパークラインツール］－［デザイン］ ❷ 「表示」で, マーカーに☑

補足⁺ スパークラインの削除とグループ解除

スパークラインは Delete で削除されない。削除するには, ［スパークラインツール］－［デザイン］の［クリア］を利用する必要がある。

グループ全体のスパークラインを削除するには,「選択したスパークライングループのクリア」を選ぶ。「選択したスパークラインのクリア」ではアクティブセルのスパークラインのみが削除される。

また, スパークライングループから抜けるには, ［選択したスパークラインのグループ解除］を利用する。

④ 条件付き書式を設定しよう

① データバー

> 条件付き書式は，バーや色，アイコンなどでセルの値の傾向を視覚的に表示したり，指定した条件に合うセルのみに特定の書式を設定する。セルの値が変更されると書式も自動的に変更される。

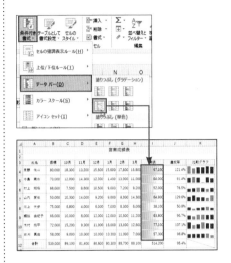

1 [MOS 2.4.2] データバーを設定する。

対象	「今年」シート／セル I4：I11 を選択
操作	❶ [ホーム]－[条件付き書式] ❷ 「データバー」の《塗りつぶし（グラデーション）》から「オレンジのデータバー」

※データバーでは，セルの幅を最大値として，各セルの値の大きさをバーの長さで表す。

② セルの強調表示ルール

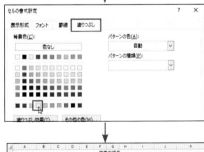

1 [MOS 2.4.2] 値を指定して書式設定する。

対象	「今年」シート／セル J4：J11 を選択
操作	❶ [ホーム]－[条件付き書式] ❷ 「セルの強調表示ルール」から「指定の値より大きい」 ❸ 「指定の値より大きい」で， 　　次の値より大きいセルを書式設定：100% 　　書式：ユーザー設定の書式 ❹ 「セルの書式設定」の「塗りつぶし」で， 　　黄 ❺ [OK] ❻ 「指定の値より大きい」に戻って[OK]

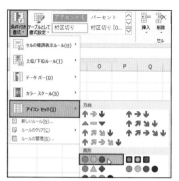

1 ^{MOS} 2.4.2 アイコンセットを設定する。

対象	「今年」シート／セル B4：B11 を選択
操作	❶ [ホーム]－[条件付き書式] ❷「アイコンセット」から「3 つの信号（枠なし）」

※アイコンが表示されたことで列幅が不足した場合は適宜列幅を調整する（10）。

2 ^{MOS} 2.4.2 アイコンセットのルールを変更する。

対象	「今年」シート／セル B4：B11 を選択
操作	❶ [ホーム]－[条件付き書式] ❷「ルールの管理」 ❸「条件付き書式ルールの管理」で，「ルール」から「アイコンセット」を選択し，[ルールの編集] ❹「書式ルールの編集」の「次のルールに従って各アイコンを表示」の部分を次のとおり設定 緑の丸／ >= ／値：70000 ／種類：数値 黄色の丸／ >= ／値：60000 ／種類：数値 ❺赤の丸の▼をクリックし，「ピンクの丸」を選択 ❻ [OK] ❼「条件付き書式ルールの管理」に戻って[OK]

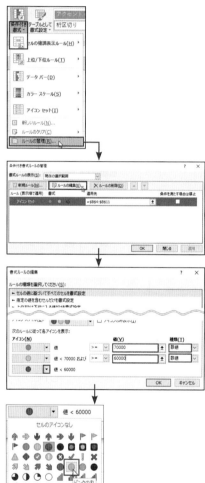

⑤ 条件付き書式を削除しよう

1 _{MOS 2.4.3} 条件付き書式を削除する。

対象	「前年」シート／セル C4：H11 を選択
操作	❶ ［ホーム］－［条件付き書式］ ❷ 「ルールのクリア」から「選択したセルからルールをクリア」

 条件付き書式の種類

▶ 「ルールのクリア」の「シート全体からルールをクリア」を利用すると，シート全体の条件付き書式が解除される（セルの選択は不要）。

組み込みの条件付き書式には次の種類がある。

- ・セルの強調表示ルール：指定の値より大きい／小さい／範囲内，指定した文字列もしくは日付，などの条件を満たすセルに書式を設定する
- ・上位／下位ルール：全体の中の上位／下位（項目数または割合）のセル，平均より上／下の値のセルに書式を設定する
- ・データバー：セルの値を色付きのバーの長さで表す
- ・カラースケール：セルの値の大小を色の違いや濃淡で表す
- ・アイコンセット：セルの値やレベルをアイコンで表す

これらは，「書式ルールの編集」ダイアログボックスで詳細にルール変更できる。

また，自分で新規にルールを作成する場合は［条件付き書式］－［新しいルール］を利用する。

18 ピボットテーブル

| 例題 18 | 次のブックを作成しよう | （ファイル名：例題 18_売上管理 2） |

営業事務を担当するあなたは，日々の売上一覧表から商品ごと，月ごとの集計表を作成することになりました。その集計表は担当者ごとに抽出するようにしたいと考えています。

レポートフィルターの追加

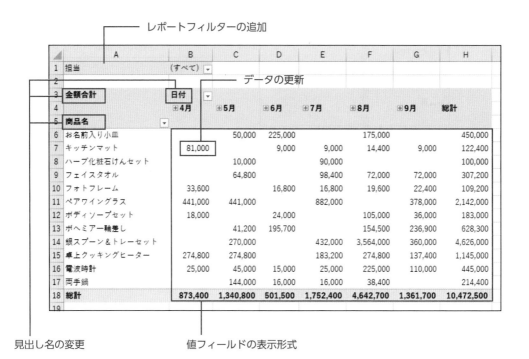

見出し名の変更　　　　値フィールドの表示形式

●ダウンロードデータから「例題 18_売上管理 2」を開く。

《 学習内容 》	ここでは，ピボットテーブルについて学習しよう。
	●ピボットテーブル：☑ピボットテーブルの作成　☑値フィールドの表示形式
	☑データの更新　☑レポートフィルターの追加
	☑フィールドの編集　☑見出し名の変更

① ピボットテーブルを作成しよう

▶ ここでは，次のようにフィールド（項目名）を配置して，商品別月別に売上金額を集計する。

行ラベルエリア：商品名

列ラベルエリア：日付

値エリア：売上金額

▶ ［テーブルツール］－［デザイン］の［ピボットテーブルで集計］でもよい。

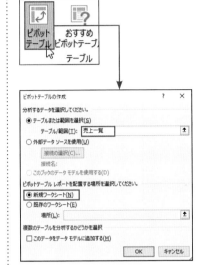

1 Advance ピボットテーブルを作成する。

対象	「売上一覧」シート／売上一覧テーブル内の任意のセルを選択
操作	❶［挿入］－［ピボットテーブル］で「テーブルまたは範囲を選択」を選択 ❷「ピボットテーブルの作成」で，テーブル／範囲：売上一覧　ピボットテーブルを配置する場所を選択してください：新規ワークシート ❸［OK］

※新しいシートが挿入され，「ピボットテーブルのフィールドリスト」作業ウィンドウが表示される。

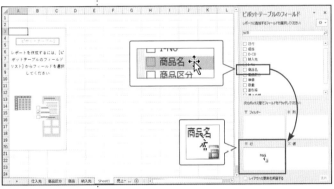

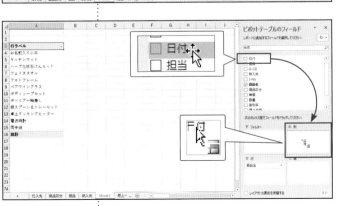

2 Advance 集計する項目を設定する。

対象	「Sheet1」シート／ピボットテーブル1エリア
操作	❶「ピボットテーブルのフィールドリスト」で，「商品名」を「行」エリアにドラッグ ❷「ピボットテーブルのフィールドリスト」で，「日付」を「列」エリアにドラッグ

※「日付」が集約されて自動的に「月」のフィールドが追加表示される。

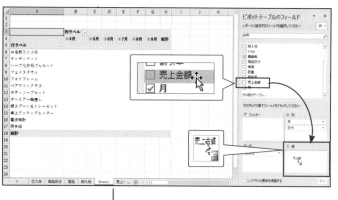

3 Advance 集計する値を設定する。

対象	「Sheet1」シート／ピボットテーブル 1 エリア
操作	❶「ピボットテーブルのフィールドリスト」で，「売上金額」を「値」のボックスにドラッグ

※商品名別，月別で売上金額が集計（合計）される。

※値エリアに文字列や日付のデータが配置された場合はデータの個数が集計される。

---

② 値フィールドの表示形式を設定しよう

▶ 「値フィールドの設定」では集計方法を変更できる。

▶ ピボットテーブルではフィールドの入れ替えなどでピボットテーブル範囲が変わるため，その都度セル範囲を選択して表示形式を設定するのではなく，フィールド全体に対して表示形式を設定する。

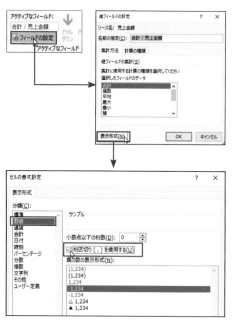

1 Advance 金額を桁区切り表示にする。

対象	セル B6 を選択（金額合計の範囲内の任意のセルでよい）
操作	❶［ピボットテーブルツール］－［分析］の［フィールドの設定］ ❷「値フィールドの設定」で［表示形式］ ❸「セルの書式設定」で， 　分類：数値 　桁区切り (,) を使用するに☑ ❹［OK］ ❺「値フィールドの設定」に戻って［OK］

※合計／売上金額全部に桁区切りが設定される。

③ データを更新しよう

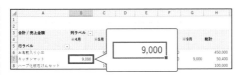

1 Advance 集計データを確認する。

対象	「Sheet1」シート／セル B7
操作	❶ 現在「9,000」であることを確認

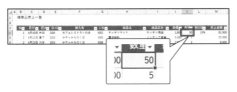

2 Advance 売上一覧データを変更する。

対象	「売上一覧」シート／セル K4 を選択
操作	❶ 現在の「5」というデータを「50」に修正

> ピボットテーブルは元のデータと連動はしているが，集計結果の自動更新はしない。元のデータを修正した場合は，必ずデータの更新をする必要がある。

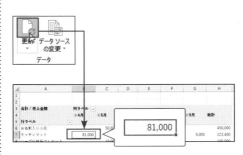

3 Advance ピボットテーブルを更新する。

対象	「Sheet1」シート／セル B7
操作	❶ [ピボットテーブルツール] − [分析]の[更新]

※「81,000」と更新される。

④ ピボットテーブルを編集しよう

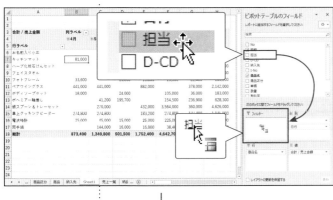

1 Advance レポートフィルターを追加する。

対象	ピボットテーブル内の任意のセルを選択
操作	❶ 「ピボットテーブルのフィールドリスト」で，「担当」を「フィルター」エリアにドラッグ

※レポートフィルターエリア(セル A1)に担当フィールドが追加表示される。

	A	B	C	D	E	F	G	H
1	担当	(すべて)						
2								
3	合計 / 売上金額	列ラベル						
4		⊞4月	⊞5月	⊞6月	⊞7月	⊞8月	⊞9月	総計
5	行ラベル							
6	お名前入り小皿		50,000	225,000		175,000		450,000
7	キッチンマット	81,000		9,000	9,000	14,400	9,000	122,400
8	ハーブ化粧石けんセット		10,000		90,000			100,000

> 行エリアや列エリアの▼を利用してデータを絞り込むこともできる。

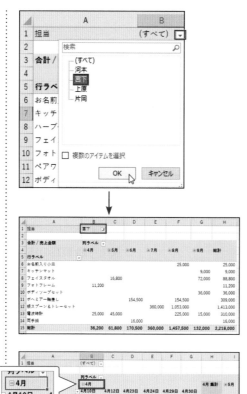

> フィールドの追加や削除だけでなく，行エリア，列エリアのフィールドを入れ替えたりしてもよく，ピボットテーブルは作成後に自由にレイアウトが変更できる。

2 Advance 担当者で抽出する。

対象	レポートフィルター
操作	❶ レポートフィルターエリアのセル B1 の▼をクリック ❷「宮下」を選んで[OK]

※「宮下」のデータのみに絞り込まれる。
※確認後，「(すべて)」を選んで元に戻す。

3 Advance 日付の詳細を表示する。

対象	「Sheet1」シート／セル B4
操作	❶「4 月」の前の⊞をクリック

※ 4 月の日付ごとの詳細データが表示される（展開）。
※ ⊞（展開）は⊟（折りたたみ）に変更される。
※ ⊟をクリックして元に戻しておく。

4 Advance フィールドを追加する。

対象	「Sheet1」シート／ピボットテーブル 1 エリア
操作	❶「ピボットテーブルのフィールドリスト」で，「商品区分」を「行」のボックスの「商品名」の上（緑色の線が表示される）にドラッグ

5 Advance フィールドを削除する。

対象	「Sheet1」シート／ピボットテーブル1エリア
操作	❶「ピボットテーブルのフィールドリスト」で、「行」のボックスの「商品区分」を作業ウィンドウの外にドラッグ

6 Advance 見出し名を変更する。

対象	「Sheet1」シート／セルA3，A5，B3
操作	❶見出しのセルを次のとおり修正 A3：金額合計 A5：商品名 B3：日付

補足⁺ スライサー

「スライサー」は特定のフィールドの項目をボタンとして表示し、クリックで素早く抽出条件を変える機能。テーブルやピボットテーブルに対して挿入できる。

①スライサーの挿入   ②フィールドを選ぶ   ③抽出したい項目ボタンをクリック

複数フィールドの選択オン／オフ

フィルターのクリア

補足⁺ タイムライン

「タイムライン」は日付のあるピボットテーブルで利用できる機能で、スライダーコントロールをクリックやドラッグすることで素早く期間を指定してデータ抽出できる。

①スライサーの挿入   ②フィールドを選ぶ   ③抽出したい期間を指定

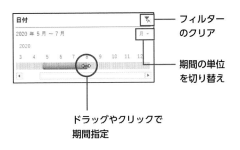

フィルターのクリア

期間の単位を切り替え

ドラッグやクリックで期間指定

商品の出荷業務を担当するあなたは，発送商品に同梱する納品書を納入予定日に合わせて作成します。取引先名や，明細行の商品名，単価などを別に用意した取引先一覧や商品一覧から関数を利用して効率的に取り出します。状況によってエラーになる場合はそれを避ける工夫もします。

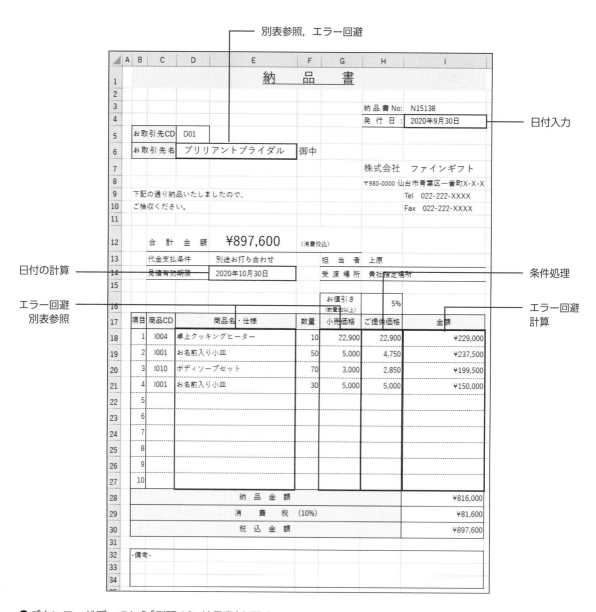

●ダウンロードデータから「例題 19_ 納品書」を開く。

	ここでは，別表データの参照とエラー時の対処をする関数について学習します。
	●別表の参照：☑VLOOKUP ●エラー回避：☑IFERROR　☑IF

① 参照する表を確認しよう

▷ ここではすでに「取引先」「商品」他，セル範囲に名前が定義されている。
名前の定義については p135 参照。

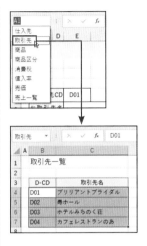

1 Advance 別表を確認する。

対象	ブック
操作	❶ 名前ボックスを利用して，「取引先」を選択

※すでに名前が定義された取引先の表が選択される。

対象	ブック
操作	❶ 名前ボックスを利用して，「商品」を選択

※すでに名前が定義された商品の表が選択される。

② 別表を参照してデータを取り出そう

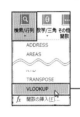

▷ VLOOKUP 関数は，指定した範囲の先頭列を縦方向に検索し，検索条件に一致したデータを検索して取り出す。

▷ 名前を定義済みなので，「範囲」の「取引先」は[数式]－[数式で使用]が使える。

1 Advance お取引先 CD から納入先名を取り出す。

対象	「納品書」シート／セル D6 を選択
操作	❶ [数式]－[検索 / 行列] ❷ 「VLOOKUP」を選択 ❸ 「関数の引数」で次のとおり入力 　検索値：D5 　範囲：取引先 　列番号：2 　検索方法：FALSE ❹ [OK]

※検索値：D5 にあるデータを「取引先」範囲のうち完全一致する行を検索し，その行の「2」列目のデータが取り出される。
※セル D5 のデータを適宜入力しなおして，結果が反映されることを確認。

> 数式を使っていて，関数名が間違っていたり，無効なセルが参照されているときなどにエラー値が表示される。

> IFERROR関数は，値（数式）にエラーが出た時に，エラーの場合の値をどうするか（空白か0が多い），を指示できる関数。
空白にする場合は「""」とする。

> ここではIFERROR関数の引数（値）としてVLOOKUP関数を利用しており，関数が入れ子（ネスト）になっている。

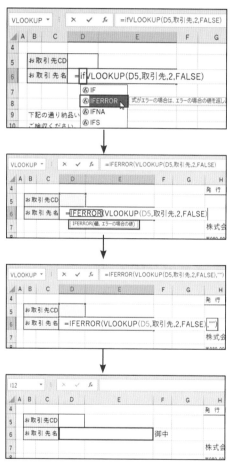

1 Advance エラーになる場合を確認する。

対象	「納品書」シート／セルD5
操作	❶ Delete で削除

※検索値が削除されたので検索ができないことによりセルD6はエラー（#N/A）になる。

2 Advance エラー回避の関数を追加入力する。

対象	「納品書」シート／セルD6
操作	❶ セルD6をダブルクリックして編集モードにする ❷ 「=」の後ろにカーソルを移動し，「if」とキー入力 ❸ 関数の一覧が表示されるので，ここから「IFERROR」をダブルクリック ❹ ポップヒントで「IFERROR」関数の書式が示されるので，これにあわせて， 　「)」の後ろにカーソルを移動 　「,""）」と入力 ❺ Enter で関数を確定

※D5が空白であることに伴うエラーが回避され空白になる。
※エラー回避が確認できたら，セルD5に「D01」をもう一度入力しておく。

エラー回避

関数や数式を入力すると，場合によって結果がエラーになったりすることがある。このような場合はエラーへの対応を指定しておく。
IFERROR関数は引数に，本来処理したい数式（値）とエラーになった場合の値を直接指定してエラーを回避する。また，IF関数を利用してエラーのきっかけを作るセルを条件判断し，エラー時の処理を指定する方法もある。

④ エラー回避をしながら別表を参照しよう

▷ 関数がネストに なっているとき，数 式バー上のカーソル の位置によって，「関 数の引数」が切り替 わる。

▷ 関数など数式入 力中は，数式バー左 の名前ボックスが関 数ボックスに切り替 わっており，直近に 使った関数のリスト が表示されるので, 入力したい関数を選 択できる（リストに ない場合は「その他 の関数」を選ぶ）。

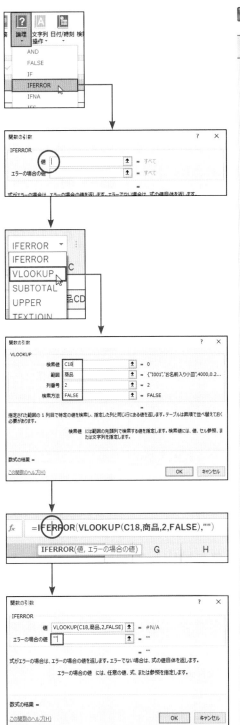

1 Advance エラー回避のうえで商品名を取り出す。

対象	「納品書」シート／セル D18
操作	❶ [数式] － [論理]
	❷ 「IFERROR」を選択
	❸ 「関数の引数」で，「値」にカーソ ルを移動
	❹ 関数ボックスから「VLOOKUP」 を選ぶ
	❺ 「関数の引数」が VLOOKUP の それに変更されるので, 検索値：C18 範囲：商品 列番号：2 検索方法：FALSE
	❻ 数式バー上で，IFERROR 部分 をクリックしてカーソルを移動
	❼ 「関数の引数」が IFERROR のそ れに戻るので, 値：❺の VLOOKUP 関数 エラーの場合の値：""
	❽ [OK]
	❾ セル D18 の数式をセル D27 ま でオートフィルでコピー
	❿ オートフィルオプションで「書 式なしコピー（フィル）」

2章

Excel

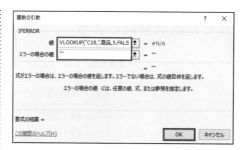

2 Advance	エラー回避の上で小売価格を取り出す。

対象	「納品書」シート／セル G18：G27
操作	❶ 同様に，次の関数を入力 =IFERROR(VLOOKUP(C18, 商品,5,FALSE),"")
	❷ セル G27 まで「書式なしコピー （フィル）」

---

⑤ エラー回避をしながら価格と金額の計算をしよう

▶ ここでは，数量が 50 以上の場合 5% 値引きするので，数量を条件に IF 関数でご提供価格の場合分けをする。

3 Advance	条件によってご提供価格を計算する。

対象	「納品書」シート／セル H18：H27
操作	❶ セル H18 に次の数式を入力 =IF(F18>=50,G18*(1- $H$16),G18)
	❷ セル H27 まで「書式なしコピー （フィル）」

▶ ここでは，もし商品 CD が空欄ならば計算不要（空欄のまま）ということで，IF 関数を用いてエラーを回避している。IFERROR を利用してもよい。

4 Advance	条件によって金額を計算する。

対象	「納品書」シート／セル I18：I27
操作	❶ セル I18 に次の数式を入力 =IF(C18="","",F18*H18)
	❷ セル I27 まで「書式なしコピー （フィル）」

※納品金額（セル I28），消費税（セル I29），税込金額（セル I30），合計金額（セル E12）にはすでに数式を入力済なので，内容を確認。

---

⑥ 売上一覧からデータを抽出して納品書に利用しよう

▶ データの抽出は p131 参照。
▶ ここでは，9月 30 日に D01 の取引先への納品書作成をしていく。

1 Advance	売上一覧から対象データを抽出する。

対象	「売上一覧」シート
操作	❶ セル E3 の「D-CD」で， すべて選択を□（オフ） 「D01」を☑（オン）
	❷ ［OK］
	❸ セル M3 の「納入予定日」で， すべて選択を□（オフ） 9 月を展開して 「30 日」を☑（オン）
	❹ ［OK］

※全 4 件が抽出される。

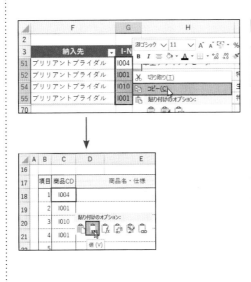

2 Advance　納品書に抽出データからコピーする。

対象	「売上一覧」シート／抽出データからセル G51：G55
操作	❶ 右クリックして「コピー」 ❷ 「納品書」シートに切り替え ❸ セル C18 を右クリック ❹ 《貼り付けのオプション》から「値」

対象	「売上一覧」シート／抽出データからセル K51：K55
操作	❶ 右クリックして「コピー」 ❷ 「納品書」シートに切り替え ❸ セル F18 を右クリック ❹ 《貼り付けのオプション》から「値」

❼ 日付を入力して納品書を完成しよう

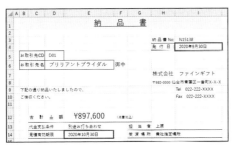

1 Basic　発行日と有効期限を入力する。

対象	「納品書」シート／セル I4，E14
操作	❶ セル I4 に「2020/9/30」と入力 ❷ セル E14 に「=I4 + 30」

 補足 日付シリアル値

日付は，月によって日数が 30 日だったり 31 日だったりするため，単純な計算が面倒に思える。Excel では，年，月，日の数字を「/」で区切って入力すると日付データと認識して入力されるが，Excel 内部では入力された日付に該当するシリアル値が入力され，表示形式が日付になっている。このシリアル値は 1900 年 1 月 1 日を「1」として 1 月 2 日を「2」，… と日付に対して振られた連番で，これにより日付データの単純な足し算引き算を可能にする。

次の表を作成しよう （ファイル名：演習 11_売上日報）

レストラン部門で働くあなたは，毎日の売上を報告する必要があります。報告には営業時間帯別に客数や客単価がわかるように工夫します。

■ 完成例

	A	B	C	D	E
1	売上日報				
2					
3	営業日:	6月12日		天気:	晴れ
4					
5	時間帯	売上金額	客数	客単価	客単価達成率
6	11:00～	¥26,280	21	1,251	104%
7	12:00～	¥38,560	38	1,015	85%
8	13:00～	¥27,640	27	1,024	85%
9	14:00～	¥14,600	12	1,217	101%
10	15:00～	¥9,820	14	701	58%
11	16:00～	¥7,850	8	981	82%
12	17:00～	¥12,670	12	1,056	88%
13	18:00～	¥29,850	21	1,421	118%
14	19:00～	¥32,890	24	1,370	114%
15	合計	¥200,160	177	1,131	94%
16	平均	¥22,240	19.7	1,115	
17	最大	¥38,560	38	1,421	
18	最小	¥7,850	8	701	
19	営業時間数	9	時間	平日通常営業日	
20					

●ダウンロードデータから「演習 11_売上日報」を開く。

■ 操　作	
1	セル B3 に日付を入力してください。
2	セル範囲 B15：C15 に，関数を利用して売上金額および客数の合計を算出してください。
3	セル範囲 D6：D15 に，客単価を算出してください。
4	セル範囲 B16：D16 に，関数を利用して売上金額，客数，および客単価の平均を算出してください。
5	セル範囲 B17：D17 に，関数を利用して売上金額，客数，および客単価の最大値を算出してください。
6	セル範囲 B18：D18 に，関数を利用して売上金額，客数，および客単価の最小値を算出してください。
7	セル B19 に，セル範囲 B6：B14 の売上金額の数を数え，営業時間数を算出してください。
8	セル範囲 E6：E15 に，客単価の目標達成率を算出し，パーセントスタイルに設定してください。なお，客単価の目標は各時間帯とも 1 人あたり 1200 円とします。
9	セル範囲 B6：B18 を通貨表示形式に，セル範囲 D6：D18 を桁区切りスタイルに設定してください。またセル C16 は小数点以下第 1 位までの表示にしてください。
10	セル範囲 A1：E1 をセルを結合して中央揃えにし，フォントサイズを 14pt，太字に設定してください。
11	セル範囲 A5：E5 およびセル範囲 A6：A14 を中央揃えに設定してください。さらにセル E5 は折り返して全体を表示します。
12	セル A3，セル D3，およびセル範囲 A15：A19 を右揃えに設定してください。
13	セル範囲 D19：E19 をセルを結合して中央揃えに設定してください。
14	セル範囲 A5：E5 およびセル範囲 A15：A19 を，「オレンジ，アクセント 2，白＋基本色 80%」で塗りつぶして，太字に設定してください。
15	次のとおり罫線を設定してください。 　　セル A1 ／太い外枠　　　　　セル B3 およびセル E3 ／外枠 　　セル範囲 A5：E19 ／格子　　　セル範囲 A5：E19 ／太い外枠 　　セル範囲 A5：E5 およびセル範囲 A18：E18 ／下太罫線 　　セル範囲 A14：E14 ／下二重罫線 　　セル範囲 E16：E18 ／セルを結合した後，右下がり罫線
16	次のとおり列幅を設定してください。 　　A 列および B 列／ 10 　　C 列および E 列／ 7

イベント企画運営会社で働くあなたは，オータムマルシェの運営にあたり募集した短期アルバイトの人員に支払う賃金を計算することになりました。

■ 完成例

	A	B	C	D	E	F	G	H	I	J	K
1	短期バイト賃金計算表										
2											
3		イベント名：		オータムマルシェ		期間：	10/10〜16			時間単価：	1,050
4											
5	社員ID	氏名	10/10	10/11	10/12	10/13	10/14	10/15	10/16	合計時間数	支払賃金
6	B101	泉田　育美	5	5		5	5			20	21,000
7	B102	清水　怜		6	6	6		6		24	25,200
8	B103	紺野　尚輝	6		5.5	4	6		5	26.5	27,825
9	B104	太田　真矢	5	4			6	7	5	27	28,350
10	B105	小山　匠			6		5	6	5	22	23,100
11	B106	赤池　愛子	5.5	5		6	5		6	27.5	28,875
12	B107	紺野　賢	4	6	6	6		5		27	28,350
13	B108	池元　啓輔	6	6	5		6	7		30	31,500
14	B109	栗原　耕大	6		8	7	7	4.5	6	38.5	40,425
15	B110	坂上　俊希		6	4			6	6.5	22.5	23,625
16		合計	37.5	38	40.5	34	40	41.5	33.5	265	278,250
17		人数	7	7	7	6	7	7	6		

●ダウンロードデータから「演習 12_ バイト賃金計算」を開く。

1	セル C5 に期間の初日の日付 (10/10) を入力し，オートフィルでセル I5 まで連続した日付データを入力してください。
2	セル範囲 A7：A15 に，オートフィルを利用してセル A6 から始まる連続データを入力してください。
3	セル範囲 J6：J15 に，関数を利用して各人の時間数の合計を算出してください。
4	セル範囲 K6：K15 に，時間単価と合計時間数から支払賃金を算出してください。
5	セル範囲 C16：K16 に，関数を利用してそれぞれの合計を算出してください。
6	セル範囲 C17：I17 に，関数を利用して勤務時間の数を数えることで該当日の人数を算出してください。
7	セル A1 に，フォントの設定ダイアログボックスを利用して，フォントサイズ 14pt，太字，下線の書式を設定してください。
8	セル B3，セル F3 およびセル J3 を右揃えに設定してください。
9	セル範囲 A5：K5 を中央揃えにし，セルを塗りつぶしてください。塗りつぶしの色は「ゴールド，アクセント 4，白＋基本色 80%」とします。
10	セル範囲 C3：E3 およびセル範囲 G3：H3 をセル結合し，横位置を左詰めでインデント 1 字に設定してください。
11	セル範囲 A16：B16 およびセル範囲 A17：B17 をセル結合し，横位置を右詰めでインデント 1 字に設定してください。
12	セル K3 およびセル範囲 K6：K16 に桁区切りスタイルを設定してください。
13	完成例を参照して，各セルに罫線を設定してください。

5，**6** は操作後にエラーインジケータが表示される場合があるが，Excel の仕様の問題なので無視をしてかまわない。

次の表を作成しよう

（ファイル名：演習 13_教養チェック）

学生就職センターでアドバイザーを務めるあなたは，先に行われた教養チェックの結果を一覧にまとめることになりました。

■ 完成例

	A	B	C	D	E	F	G	H	I	J
1										
2		教養チェック結果一覧								
3										
4	No.	受験者氏名	社会科学	人文科学	自然科学	数的処理	文章理解	時事問題	合計	評価
5	1	高橋　寛彦	92	75	72	10	72	64	385	◎
6	2	海藤　良太	64	77	67		83	19	310	
7	3	木村　巧	42	90	15	21	29	92	289	
8	4	清山　知恵	20	48	85	76	90	73	392	◎
9	5	堀田　雄喜	80	83	24	51	48	31	317	
10	6	河津　道代	71	60	60	60	79	50	380	◎
11	7	榎原　菜穂	80	85	90	95	90	85	525	◎
12	8	柴田　秀斗	62	70	44	45	50	58	329	
13	9	村上　美樹	67		85	99	66	86	403	◎
14	10	三品　愛子	90	71	59	50	30	75	375	◎
15	11	金田　佐知	71	66	59	20	29	59	304	
16	12	山本　祥平	27	27	93	84	72	28	331	
17	13	宮崎　真綾	72	68	54	64	87	97	442	◎
18	14	坂本　恵美	46	75	36	60	42	65	324	
19	15	細田　栄大	28	28	90	93	86		325	
20	16	辛島　彩香	86	70	60		76	58	350	
21	17	笹野　美和	70	34	60	55	80	98	397	◎
22	18	奥田　茉優	97	43	88	40	40	97	405	◎
23	19	寺田　寛太	79	71	93	82	60	40	425	◎
24	20	岡　怜奈	31	50	22	25		21	149	
25	最　高　点		97	90	93	99	90	98	525	
26	最　低　点		20	27	15	10	29	19	149	
27	平　　均		63.8	62.7	62.8	57.2	63.6	62.9	357.9	
28	未受験者数			1		2	1	1	―	
29										
30	受験者数		20							
31	◎評価数		10							

●ダウンロードデータから「演習 13_教養チェック」を開く。

1 セル範囲 A2：J2 をセル結合して中央揃えに設定し，スタイルから「見出し1」を設定してください。

2 オートフィルを利用して「No.」の数字を入力してください。

3 セル範囲 I5：I24 に「合計」を算出してください。

4 セル範囲 J5：J24 に「評価」を求め，中央揃えに設定してください。なお，評価は「合計」が 360 以上の場合「◎」と表示し，360 未満の場合は空欄とします。

5 セル範囲 C25：I25 に各科目の「最高点」を算出してください。

6 セル範囲 C26：I26 に各科目の「最低点」を算出してください。

7 セル範囲 C27：I27 に各科目の「平均」を算出してください。また，小数点以下の表示を 1 桁とします。

8 各科目とも未受験の場合，得点は入力されず空欄になっています。セル範囲 C28:H28 に「未受験者数」を算出してください。ただし，未受験者数が「0」の場合は空白とします。

9 セル C30 に「受験者数」を算出してください。ただし受験者氏名を数えるものとします。

10 セル C31 に「評価」欄が「◎」である数を算出してください。
　　＜ヒント＞条件にあった値の数を数える COUNTIF 関数を使う。
　　　　　　　＝ COUNTIF（範囲，検索条件）
　　　　　　　ここではセル範囲 J5：J24 で，"◎"を条件として数を数えればよい。

11 セル範囲 A4：J4 およびセル I28 を中央揃えに設定してください。

12 セル範囲 A25：B25，A26：B26，A27：B27，A28：B28，A30：B30，A31：B31 について，それぞれセルを結合して中央揃えに設定してください。

13 セル範囲 A4：J24，A25：I28 および A30：C31 に，完成例を参照して罫線を設定してください。ただし罫線の色は「青，アクセント 1」とします。

14 セル範囲 A4:J4，A25:A28 および A30:A31 を「青，アクセント 1，白＋基本色 80％」で塗りつぶしてください。

学習塾で中学生コースを担当するあなたは，リモート授業の希望者受け付けを担当しました。そこで，生徒全員のログイン用アドレスとパスワードを作成することになりました。アドレスやパスワードは，ランダムでは管理しづらいため，ある程度の規則性をもって作成することとします。

■ **完成例**

<ヒント>にあるように，列を挿入して 1 ステップずつ設定した場合

	A	B	C	D	I	K	N
1							
2	リモート授業連絡用アドレス一覧					ドメイン:	rmtcls.xxx
3							
4	受付番号	コース	氏名	読み	イニシャル	アドレス	パスワード
5	C101	N	児島　望見	kojima.no	NK	Kojima.No@rmtcls.xxx	c101-n-no
6	C102	T	浅水　賢	asamizu.ke	KA	Asamizu.Ke@rmtcls.xxx	c102-t-ke
7	C103	N	村上　典子	murakami.no	NM	Murakami.No@rmtcls.xxx	c103-n-no
8	C104	T	赤池　汰一	akaike.ta	TA	Akaike.Ta@rmtcls.xxx	c104-t-ta
9	C105	N	館脇　聡太	tatewaki.so	ST	Tatewaki.So@rmtcls.xxx	c105-n-so

●ダウンロードデータから「演習 14_連絡アドレス一覧」を開く。

1 オートフィルを利用して，「受付番号」を連番で入力してください。

2 セル範囲 J5：J7 に，関数を利用して各コースの人数を算出してください。
＜ヒント＞ COUNTIF 関数を利用して，セル I5 の「N」をセル範囲 B5：B24 から検索して数える。

3 セル範囲 F5：F24 に，関数を利用して「アドレス」を求めてください。
「アドレス」は，「読み」，「@」（半角），ドメインの「rmtcls.xxx」を連結したものとします。
ただし「読み」の最初のアルファベットが大文字になるようにしてください。
＜ヒント＞ PROPER 関数を利用して，「読み」の最初のアルファベットを大文字にする。
CONCAT 関数を利用して，「1 文字を大文字にした読み」，「@」，「ドメイン」の 3 つを連結する。

4 セル範囲 G5：G24 に，関数を利用して「パスワード」を求めてください。
「パスワード」は，「受付番号」と「コース」，「読み」の末尾 2 文字を記号「-」（半角のハイフン）で連結したものとします。ただしアルファベットはすべて小文字にします。
＜ヒント＞ RIGHT 関数を利用して，「読み」の末尾 2 文字をとりだす。
TEXTJOIN 関数を利用して，「受付番号」，「-」，「コース」「-」，「読み」の末尾の 2 文字を連結する。
LOWER 関数を利用して，連結した文字列を小文字にする。

5 セル範囲 E5：E24 に，関数を利用して「イニシャル」を求めてください。
「イニシャル」は，「読み」の末尾から 2 文字目と読みの最初の 1 文字を連結したものを大文字で表示します。
なお，「読み」の末尾から 2 文字目は，「読み」の文字数から 1 引いた場所にあたります。
＜ヒント＞ LEN 関数を利用して，「読み」の文字数を調べる。
MID 関数を利用して，「読み」の末尾から 2 文字目をとりだす。なお，末尾から 2 文字目の位置は，LEN 関数で調べた文字数から 1 を引くことで特定できる。
LEFT 関数を利用して，「読み」の最初の 1 文字をとりだす。
CONCAT 関数を利用して，「読み」の末尾から 2 文字目と最初の 1 文字を連結する。
UPPER 関数を利用して，「イニシャル」を大文字にする。

3 ～ **5** はいずれも関数をネスト（入れ子）にすることで求められるが，列を挿入して 1 つずつ条件を満たしていき，最後に連結する方法でもよい（完成例参照）。
連結後，不要な列は非表示にする。

家電メーカーのカスタマーセンターで働くあなたは，通信家電部門を担当しており，上半期のお問合せ件数について報告することになりました。

■ 完成例

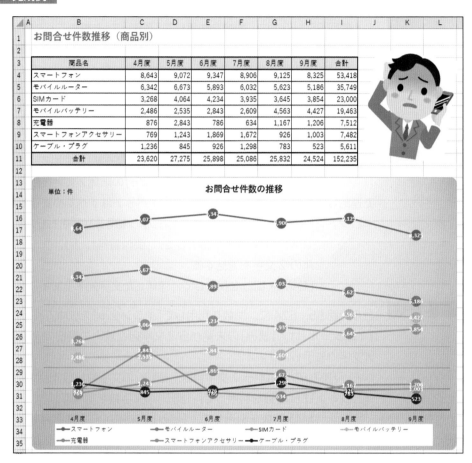

●ダウンロードデータから「演習 15_お問合せ件数」を開く。

1	商品別にお問合せ件数の推移を表す折れ線グラフを作成してください。
2	グラフタイトル「お問合せ件数の推移」をグラフの上に表示してください。
3	グラフに「スタイル 2」を適用してください。またグラフエリアの角を丸くしてください。
4	グラフをセル範囲 B13：L35 に配置してください。
5	縦(値)軸ラベルを表示して「単位：件」と入力し，グラフの左上に移動してください。文字の方向を横書きとします。
6	プロットエリアが中央になるように，サイズを調整してください。
7	凡例の塗りつぶしの色を「白，背景 1」に変更してください。
8	グラフエリアのフォントサイズを「10」，グラフタイトルのフォントサイズを「14」にしてください。
9	表の右側に画像「困り顔で通話する男性 .jpg」を挿入してください。画像は，セル範囲 J3：L11 の範囲に収まるように配置し，10°回転します。
10	画像の背景(白色)を，透明色として指定してください。
11	ブックのアクセシビリティをチェックしてください。画像は「装飾用」とし，グラフには説明を追加し，代替テキストとして「上半期商品別お問合せ件数の推移を表す折れ線グラフ」と入力してください。
12	ブックのプロパティの会社名に「レインボー電器株式会社」，タイトルに「上半期お問合せ件数の推移(商品別)」，作成者に「横田純平」と設定してください。
13	印刷したときにすべてのデータが縦 1 ページ，横 1 ページに収まるように設定してください。

2章

Excel

次の表を作成しよう

製造管理を担当するあなたは，2回ずつ2度の歩留り調査をまとめ，製造数とロスについてグラフを作成します。調査結果を踏まえて選別でのロスについて対策をしたのち，再度の歩留り調査を実施したので，これを先の表とグラフに追加し，データをまとめます。

■ **完成例**

	A	B	C	D	E	F	G
1	製造歩留まり調査						
2			製品コード	SDR024		調査担当	大橋歩夢
3							
4	調査回	製造数	工程ロス	選別ロス	不良率	製品数	歩留り率
5	1回目	1,118,936	189,633	345,906	47.9%	583,397	52.1%
6	2回目	1,183,609	204,684	309,631	43.5%	669,294	56.5%
7	3回目	1,200,058	186,949	123,654	25.9%	889,455	74.1%
8	4回目	1,173,506	120,356	135,473	21.8%	917,677	78.2%

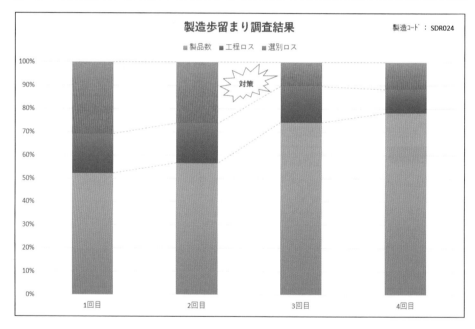

●ダウンロードデータから「演習 16_歩留り調査」を開く。

1 セル範囲 E5：E6 に不良率を算出してください。

不良率＝不良製品数÷製品製造数

2 セル範囲 F5：F6 に製品数を算出してください。

製品数＝製品製造数―不良製品数

3 セル範囲 G5：G6 に歩留り率を算出してください。

歩留り率＝製品数÷製品製造数

4 セル範囲 A4：A6，C4：D6 および F4：F6 を利用して集合縦棒グラフを作成してください。

5 グラフの行列を切り替え，グラススタイルから「スタイル 6」を適用してください。

6 表に次のデータを追加し，「不良率」「製品数」「歩留り率」を算出してください。

調査回	製造数	工程ロス	選別ロス
3 回目	1,200,058	186,949	123,654
4 回目	1,173,506	120,356	135,473

7 **6** で追加したデータをグラフのデータ範囲として追加し，グラフの種類を 100% 積み上げ縦棒グラフに変更してください。

8 「製品数」が縦棒のいちばん下になるように，凡例項目（系列）で「製品数」を 2 つ上に移動してください。

9 グラフをグラフシートに移動してください。グラフシート名は「歩留り調査結果グラフ」とします。

10 グラフの上にタイトルを表示し，「製造歩留り調査結果」としてください。

11 凡例の位置を「上」にしてください。

12 グラフエリアのフォントサイズを「12」，グラフタイトルのフォントサイズを「18」としてください。区分線を表示し，線種を破線に変更してください。

13 グラフエリア内に次の 2 つの図形を挿入してください。

・「爆発：14pt」 － 入力テキスト「対策」，フォントサイズ「12pt」，フォントスタイル「太字」，フォントの色「赤」，図形の塗りつぶし「塗りつぶしなし」
・「テキストボックス」 － 入力テキスト「製造コード：SDR024」，フォントサイズ「12pt」

完成例を参照して，サイズや位置を設定してください。

14 すべての項目を対象にドキュメント検査を実施し，検査結果からプロパティの情報と非表示の行と列を削除してください。

15 ブックの互換性をチェックし，97-2003 ブック形式で保存してください。

次の表を作成しよう

（ファイル名：演習 17_受注状況）

ツアープランナーとしてあなたが企画した「秋の東北・湯めぐりキャンペーン」の受注状況を管理しています。データをテーブルに変換し，レコードを抽出したり並べ替えたりします。

■ 完成例

◆シート「売上表」

	A	B	C	D	E	F	G	H	I	J	K
1	秋の東北・湯めぐりキャンペーン／受注状況										
2											
3	受付番号	日付	支店名	宿泊コード	都道府県名	温泉地	宿泊先名	1名様料金	顧客区分	参加人数	受注金額
4	1001	10月1日	東京支店	I-021	岩手	つなぎ温泉	御宿ますだ	17,000	学校	26	442,000
5	1002	10月1日	川崎支店	Y-012	山形	銀山温泉	旅館はな屋	13,500	企業	22	297,000
6	1003	10月5日	品川支店	Y-011	山形	湯野浜温泉	夕陽館ホテル	16,000	企業	26	416,000
7	1004	10月6日	新橋支店	F-012	福島	会津東山温泉	満点星亭	17,500	公共団体	20	350,000
8	1005	10月7日	品川支店	M-010	宮城	鳴子温泉	ます田屋	14,500	公共団体	14	203,000
9	1006	10月7日	新橋支店	M-010	宮城	鳴子温泉	ます田屋	14,500	企業	18	261,000
10	1007	10月8日	横浜支店	I-011	岩手	鶯宿温泉	ホテルうぐいす亭	18,500	企業	12	222,000
11	1008	10月8日	横浜支店	M-011	宮城	秋保温泉	お宿ととや	16,000	企業	20	320,000
12	1009	10月8日	横浜支店	M-021	宮城	遠刈田温泉	ホテルしまむら屋	14,500	学校	24	348,000
13	1010	10月13日	東京支店	I-021	岩手	つなぎ温泉		17,000		14	238,000
72	1069	11月23日	横浜支店	F-012	福島	会津東山温泉	満点星亭	17,500	公共団体	12	210,000
73	1070	11月23日	新橋支店	F-021	福島	磐梯熱海温泉	ペンションゆたか	17,000	企業	18	306,000
74	1071	11月25日	川崎支店	I-022	岩手	花巻温泉	ホテル花小路	14,800	学校	12	177,600
75	1072	11月25日	横浜支店	I-011	岩手	鶯宿温泉	ホテルうぐいす亭	18,500	企業	24	444,000
76	1073	11月26日	新橋支店	F-011	福島	いわき湯本温泉	旅館ゆもと屋	13,900	企業	11	152,900
77	1074	11月26日	新橋支店	I-022	岩手	花巻温泉	ホテル花小路	14,800	学校	18	266,400
78	1075	11月27日	新橋支店	F-021	福島	磐梯熱海温泉	ペンションゆたか	17,000	企業	12	204,000
79	1076	11月27日	品川支店	Y-012	山形	銀山温泉	旅館はな屋	13,500	学校	23	310,500
80	1077	11月28日	品川支店	Y-021	山形	赤湯温泉	旅館ほたるの郷	16,500	公共団体	36	594,000
81	1078	11月28日	東京支店	M-010	宮城	鳴子温泉	ます田屋	14,500	企業	12	174,000
82	1079	11月30日	東京支店	F-022	福島	岳温泉	山の湯旅館	16,000	企業	18	288,000
83	1080	11月30日	横浜支店	M-021	宮城	遠刈田温泉	ホテルしまむら屋	14,500	公共団体	21	304,500
84	1081	11月30日	新橋支店	M-011	宮城	秋保温泉	お宿ととや	16,000	企業	22	352,000
85	集計							15,844		81	24,075,600

◆シート「宿泊先リスト」

	A	B	C	D	E
1	秋の東北・湯めぐりキャンペーン／宿泊先リスト				
2					
3	宿泊コード	都道府県名	温泉地	宿泊先名	1名様料金 2名1室（1名）
4	I-011	岩手	鶯宿温泉	ホテルうぐいす亭	¥18,500
5	I-021	岩手	つなぎ温泉	御宿ますだ	¥17,000
6	I-022	岩手	花巻温泉	ホテル花小路	¥14,800
7	Y-011	山形	湯野浜温泉	夕陽館ホテル	¥16,000
8	Y-012	山形	銀山温泉	旅館はな屋	¥13,500
9	Y-021	山形	赤湯温泉	旅館ほたるの郷	¥16,500
10	M-010	宮城	鳴子温泉	ます田屋	¥14,500
11	M-011	宮城	秋保温泉	お宿ととや	¥16,000
12	M-021	宮城	遠刈田温泉	ホテルしまむら屋	¥14,500
13	F-011	福島	いわき湯本温泉	旅館ゆもと屋	¥13,900
14	F-012	福島	会津東山温泉	満点星亭	¥17,500
15	F-021	福島	磐梯熱海温泉	ペンションゆたか	¥17,000
16	F-022	福島	岳温泉	山の湯旅館	¥16,000

●ダウンロードデータから「演習 17_受注状況」を開く。

1 シート「売上表」の表をテーブルに変換し，テーブルスタイル「ゴールド，テーブルスタイル(中間)5」を適用してください。

2 ▌1▌で変換したテーブル名を「受注状況」としてください。

3 テーブルから受付番号が重複しているレコードを削除してください。(3件)
その他のレコードは削除しないようにします。
＜ヒント＞[テーブルツール]－[デザイン]で[重複の削除]

4 次の2件のレコードを追加してください。

受付番号	日付	支店名	宿泊コード	顧客区分	参加人数
1080	11月30日	横浜支店	M-021	公共団体	21
1081	11月30日	新橋支店	M-011	企業	22

5 セルK3に「受注金額」とフィールド名を入力し，セルK4に「1名様料金×参加人数」で金額を計算する数式を入力してください。計算後，「受注金額」の数値を3桁区切りのカンマ表示に設定してください。

6 支店名が「品川支店」のレコードを抽出してください。(16件)

7 支店名が「品川支店」かつ都道府県が「岩手」または「山形」のレコードを抽出してください。(6件) 抽出後，すべての条件をクリアします。

8 「受注金額」が50万円以上のレコードを抽出してください。(6件) 抽出後，すべての条件をクリアします。

9 「受注金額」が40万円以上50万円以下で，かつ日付が「2020/10/15以降2020/10/31以前」のレコードを抽出してください。(2件) 抽出後，すべての条件をクリアします。

10 テーブルを「都道府県名」で五十音順に並べ替えてください。「都道府県名」が同じ場合は「参加人数」が大きい順に並べ替えます。

11 テーブルを「支店名」で五十音順に並べ替えてください。「支店名」が同じ場合は「顧客区分」で五十音順に並べ替えます。さらに「顧客区分」が同じ場合は「受注金額」が大きい順に並べ替えます。

12 テーブルを「受付番号」の小さい順に並べ替えてください。

13 テーブルに設定されている，1行おきの背景の色を削除してください。

14 テーブルに集計行を表示してください。「1名様料金」の平均，「参加人数」のデータの個数，「受注金額」の合計を表示します。

15 テーブル「宿泊先リスト」にジャンプし，テーブルをセル範囲に変換してください。書式は変更しないようにします。

次の表を作成しよう　　　　　　　　　　（ファイル名：演習 18_ゴルフスクール予約表）

立町通ゴルフスクールではインドアゴルフスタジオ（4 打席）を運営しており，1 回 50 分でプロから直接個人レッスンを受けられるので人気があります。受付業務を担当するあなたは，日別の開始時間と打席番号からなる予約表に，会員番号を入力して受付状況を把握しています。

■ 完成例

※営業時間　11:00～22:00（打席予約制、1回50分、ただし木曜はレッスンなし）
※受付は、各日の打席予約表で、打席番号×開始時間のところに「会員番号」を入力すること

10月

日にち	曜日	利用者数
1日	火	28
2日	水	27
3日	木	16
4日	金	33
5日	土	36
6日	日	34
7日	月	26
8日	火	7
9日	水	5
10日	木	7
11日	金	0
12日	土	1
13日	日	0
14日	月	0
15日	火	0
16日	水	0
17日	木	0
18日	金	0
19日	土	0
20日	日	0
21日	月	0
22日	火	0
23日	水	0
24日	木	0
25日	金	0
26日	土	0
27日	日	0
28日	月	0
29日	火	0
30日	水	0
31日	木	0

1日	No.1	No.2	No.3	No.4
11:00	526			450
12:00		464		407
13:00	295	799		501
14:00				
15:00	87		749	838
16:00	223		419	
17:00			746	318
18:00	268	61		711
19:00	134	755	290	743
20:00	189	570	898	863
21:00	811		978	276

2日	No.1	No.2	No.3	No.4
11:00	167			450
12:00	174	26		
13:00	174	363	365	
14:00				
15:00	474	195	725	849
16:00	678	553		
17:00		658		611
18:00		43	486	164
19:00	870	243		86
20:00			344	211
21:00	703	17	8	866

3日
11:00
12:00
13:00
14:00
15:00
16:00
17:00
18:00
19:00
20:00
21:00

8日	No.1	No.2	No.3	No.4
11:00				
12:00		446		
13:00			419	
14:00				
15:00	474		749	
16:00				
17:00				711
18:00				
19:00		755	290	
20:00				
21:00				

9日	No.1	No.2	No.3	No.4
11:00				
12:00				
13:00		363		
14:00				
15:00				318
16:00				
17:00			725	
18:00				
19:00	870		344	
20:00				
21:00				

10日
11:00
12:00
13:00
14:00
15:00
16:00
17:00
18:00
19:00
20:00
21:00

15日	No.1	No.2	No.3	No.4
11:00				
12:00				
13:00				
14:00				
15:00				

16日	No.1	No.2	No.3	No.4
11:00				
12:00				
13:00				
14:00				
15:00				

17日
11:00
12:00
13:00
14:00
15:00

●ダウンロードデータから「演習 18_ゴルフスクール予約表」を開く。

	■ 操　作
1	1〜4行目に設定されたウィンドウ枠の固定を解除してください。
2	A〜D列を固定してください。
3	オートフィルを利用して，セル範囲C5：C35まで曜日のデータを入力してください。
4	セル範囲C5：C35に次のような条件付き書式を設定してください。 　　　　曜日が「木」の場合：濃い黄色の文字，黄色の背景 　　　　　　　　「土」の場合：濃い緑の文字，緑の背景 　　　　　　　　「日」の場合：濃い赤の文字，明るい赤の背景
5	名前ボックスを使って，名前「_7日」に移動して内容を確認し，さらに名前「ホーム」に移動してください。
6	セル範囲G5：J15に名前「_1日」を定義してください。
7	セルD5に「1日」の打席予約表の人数を数えてください。ただし関数の引数は名前を利用します。
8	1日〜3日の打席予約表について，「13:00」と「15:00」の間にセルを挿入して「14:00」の欄を設け，8日の「14:00」欄(F22：J22)をコピーし，連続して貼り付けてください。
9	1日〜3日の予約表から「22:00」の欄のセルを削除してください。
10	会員番号「464」をすべて検索し，4番目に見つかったセルにジャンプして「446」と修正してください。
11	セルB8，B9，B10それぞれにハイパーリンクを設定してください。リンク先は「_4日」「_5日」「_6日」とします。
12	セルF2に設定されているハイパーリンクを削除してください。

会計事務所でコンサルティング業務に携わるあなたは，小さいながらも起業して 5
年を経過し，今年度の業績が思わしくないクライアントに向けて，経費削減の提案を
することになりました。直近 5 年間の経費データを一覧にして状況をわかりやすく
まとめます。

■ 完成例

勘定科目	20UU年	20VV年	20XX年	20YY年	20ZZ年	推移グラフ
給料手当	3,586,500	4,570,100	5,645,677	4,453,100	3,773,600	
支払家賃	907,200	907,200	907,200	907,200	912,800	
水道光熱費	168,262	170,845	175,987	147,438	168,096	
通信費	154,562	162,167	158,980	161,657	158,008	
旅費交通費	257,290	238,980	361,080	394,160	332,387	
新聞図書費	363,105	278,365	389,263	131,826	95,394	
消耗品費	222,604	309,334	213,235	278,206	66,815	
交際費	82,271	26,556	12,186	6,264	22,689	
支払手数料	16,912	25,752	16,848	18,360	15,736	

●ダウンロードデータから「演習 19_ 経費推移」を開く。

1 現在のシートのセル A4 から，txt ファイル「演習 19_ 経費 .txt」をテーブルとしてインポートしてください。

2 テーブルに設定されている，1 行おきの背景の色を削除してください。

3 テーブルをセル範囲に変換してください。書式は変更しないようにします。

4 セル G4 に項目名として「推移グラフ」と入力してください。

5 4 行目の項目名を中央揃え，セル範囲 B5：F13 を 3 桁区切りのカンマ表示に設定してください。

6 5 ～ 13 行目の行の高さを「45」に設定してください。

7 セル範囲 G5：G13 に縦棒スパークラインを挿入し，頂点 (谷) を表示してください。

8 セル G5 をスパークラインのグループから解除し，縦軸の最小値を「3,000,000」に変更してください。

9 セル G6 をスパークラインのグループから解除し，縦軸の最小値を「900,000」に変更してください。

10 セル範囲 G12：13 をスパークラインの元のグループから解除し，さらにグループ化してください。

11 セル範囲 G12：G13 の軸の最小値を「0」，最大値を「すべてのスパークラインで同じ値」に変更してください。

12 セル範囲 G7：G11 の軸の最小値を「0」，最大値を「すべてのスパークラインで同じ値」に変更してください。

13 セル範囲 G5：G6 およびセル範囲 G12：G13 のスタイルを「灰色，スパークラインスタイル アクセント 3，(基本色)」に変更してください。

14 セル範囲 G7：G11 のスタイルを，「濃い緑，スパークラインスタイル アクセント 6, (基本色) 」に変更してください。

15 セル範囲 B7：F11 に条件付き書式から「赤，白，緑のカラースケール」を設定してください。

次の表を作成しよう

ツアープランナーとしてあなたが企画した「秋の東北湯めぐりキャンペーン」の受注状況が一覧としてまとまったので，これをもとに集計表を作成します。

■ **完成例**

◆(1)〜(3)

	A	B	C	D
1	支店名	品川支店 🔽		
2				
3	合計 / 金額	列ラベル 🔽		
4		⊞10月	⊞11月	総計
5	行ラベル 🔽			
6	学校	670,000	893,500	1,563,500
7	企業	884,000	675,000	1,559,000
8	公共団体	713,000	1,182,000	1,895,000
9	総計	2,267,000	2,750,500	5,017,500
10				

◆(4)〜(5)

	A	B	C	D	E
1					
2	月	10月 🔽			
3					
4	合計 / 金額	列ラベル 🔽			
5	行ラベル 🔽	学校	企業	公共団体	総計
6	横浜支店	348,000	1,238,800	866,000	2,452,800
7	新橋支店		821,000	971,000	1,792,000
8	川崎支店	744,400	1,152,000	174,000	2,070,400
9	東京支店	1,471,000	1,025,400	442,000	2,938,400
10	品川支店	670,000	884,000	713,000	2,267,000
11	総計	3,233,400	5,121,200	3,166,000	11,520,600
12					

◆(6)～(9)，(13)

	A	B	C	D	E	F
1			10月度受注集計			
2						
3	支店名	学校	企業	公共団体	合計	構成比
4	東京支店	1,471,000	1,025,400	442,000	2,938,400	25.5%
5	横浜支店	348,000	1,238,800	866,000	2,452,800	21.3%
6	品川支店	670,000	884,000	713,000	2,267,000	19.7%
7	川崎支店	744,400	1,152,000	174,000	2,070,400	18.0%
8	新橋支店		821,000	971,000	1,792,000	15.6%
9	合計	3,233,400	5,121,200	3,166,000	11,520,600	100.0%
10	平均	808,350	1,024,240	633,200	2,304,120	
11						

宿泊先リスト　Sheet1　売上表　10月度　11月度　⊕

◆(10)～(13)

	A	B	C	D	E	F
1			11月度受注集計			
2						
3	支店名	学校	企業	公共団体	合計	構成比
4	横浜支店	221,000	1,955,400	1,299,000	3,475,400	27.7%
5	東京支店	1,346,300	1,450,000	297,000	3,093,300	24.6%
6	品川支店	893,500	675,000	1,182,000	2,750,500	21.9%
7	新橋支店	441,400	1,174,900	174,000	1,790,300	14.3%
8	川崎支店	702,600	469,900	273,000	1,445,500	11.5%
9	合計	3,604,800	5,725,200	3,225,000	12,555,000	100.0%
10	平均	720,960	1,145,040	645,000	2,511,000	
11						

宿泊先リスト　Sheet1　売上表　10月度　11月度　⊕

●ダウンロードデータから「演習 20_ 宿泊受注集計」を開く。

	■ 操　作
1	シート「売上表」のテーブルをもとに，次の設定でピボットテーブルを作成してください。 　　　　レポートフィルターエリア：「支店名」 　　　　行ラベルエリア　　　　　：「顧客区分」 　　　　列ラベルエリア　　　　　：「日付」 　　　　値エリア　　　　　　　　：「金額」
2	値エリアの数値に，3桁区切りカンマをつけてください。
3	レポートフィルターを利用して「品川支店」の集計結果を表示してください。
4	ピボットテーブルのレイアウトを次のように変更してください。 　　　　レポートフィルターエリア：「月」 　　　　行ラベルエリア　　　　　：「支店名」 　　　　列ラベルエリア　　　　　：「顧客区分」のみ。「日付」を削除
5	レポートフィルターを利用して「10月」の集計結果を表示してください。
6	ピボットテーブルの総計以外の値をコピーして，シート「10月度」のセル範囲 B4：D8 に値で貼り付けてください。
7	シート「10月度」のセル範囲 E4：E8 に合計を算出してください。罫線の書式は変更しません。
8	シート「10月度」のセル範囲 B9：E9 に合計を，セル範囲 B10：E10 に平均を算出してください。
9	シート「10月度」のセル範囲 F4：F9 に構成比を算出してください。罫線の書式は変更しません。
10	シート「10月度」をコピーし，シート名を「11月度」に変更してください。また，シート 11月度のセル A1 を「11月度受注集計」と変更してください。
11	ピボットテーブルで，レポートフィルターを利用して「11月」の集計結果を表示してください。
12	ピボットテーブルの総計以外の値をコピーして，シート「11月度」のセル範囲 B4：D8 に値で貼り付けてください。
13	「10月度」「11月度」の集計表を，それぞれ「合計」の大きい順に並べ替えてください。

地域の秋祭り「六三四フェスタ」では抽選会を行うことになり、イベント用品を取り扱う（株）あおぞら玩具で営業を担当するあなたは、実行委員会からの依頼を受けて「見積書」を作成します。見積書を参照して同時に「請求書」を用意しておきます。

■ **完成例**

	A	B	C	D	E	F	G
1							20XX年7月6日
2				御 見 積 書			
3							
4		六三四フェスタ　実行委員会　御中					
5					㈱あおぞら玩具		
6					〒170-XXXX 東京都豊島区西大塚1-X		
7		下記の通り御見積り申し上げます。					
8							
9		合 計 金 額		¥78,650		（消費税込）	
10							
11		代金支払条件		別途お打ち合わせ	受渡場所		ご指定のとおり
12		見積有効期限		提出日より1か月	担当者		加藤　雄一
13							
14		項目	品番	品名・仕様	定価	数量	金額
15		1	T03	抽選機2500球用	55,000	1	¥55,000
16		2	T04	抽選玉（赤）	15	100	¥1,500
17		3	T05	抽選玉（青）	15	100	¥1,500
18		4	T06	抽選玉（白）	15	100	¥1,500
19		5	B01	手ふり当たり鐘	6,000	2	¥12,000
20		6					
21		7					
22		8					
23		9					
24		10					
25				小　　　計			¥71,500
26				消　費　税　（　10%　）			¥7,150
27				合　　　計			¥78,650
28							
29		-備考-					
30							
31							

	A	B	C	D	E	F	G
1							20XX年10月6日
2				御 請 求 書			
3							
4	六三四フェスタ　実行委員会　御中						
5						㈱あおぞら玩具	
6						〒170-XXXX 東京都豊島区西大塚1-X	
7	このたびはご用命まことにありがとうございました。						
8	下記の通りご請求申し上げます。						
9							
10		合 計 金 額		¥78,650		(消費税込)	
11							
12	項目	品番	品名・仕様		定価	数量	金額
13	1	T03	抽選機2500球用		55,000	1	¥55,000
14	2	T04	抽選玉（赤）		15	100	¥1,500
15	3	T05	抽選玉（青）		15	100	¥1,500
16	4	T06	抽選玉（白）		15	100	¥1,500
17	5	B01	手ふり当たり鐘		6,000	2	¥12,000
18	6						
19	7						
20	8						
21	9						
22	10						
23			小　　　　計				¥71,500
24			消 費 税 （ 10% ）				¥7,150
25			合　　　　計				¥78,650
26							
27	-備考-				-お振込先-		
28					六三四としま銀行　巣鴨支店		
29					普通口座　０３４５９１２		
30							

●ダウンロードデータから「演習 21_ 見積書」を開く。

	■ 操　作
1	シート「見積書」のセル範囲 J11：M31 に，名前「商品一覧」を定義してください。
2	セル範囲 C15：C24 に，関数を利用して商品一覧から品番を検索して品名を表示してください。
3	品番が未入力のときに品名がエラーにならず空白になるように修正してください。
4	セル範囲 E15：E24 に，関数を利用して商品一覧から品番を検索して単価を表示してください。ただし品番が未入力の時には空白になるようにしてください。
5	セル範囲 G15：G24 に，金額を算出してください。品番が未入力でエラーになる場合は空白になるようにしてください。
6	セル G25 に小計を算出してください。ただし金額の 1 行目が空白のときは計算不要となるため，空白になるようにしてください。
7	セル G26 に消費税を算出してください。ただし小計が空白のときは計算不要となるため，空白になるようにしてください。
8	セル G27 に合計を算出してください。
9	セル D9 にセル G27 を参照してください。
10	シート「請求書」のセル範囲 B13：F22 に，シート「見積書」のセル範囲 B15：F24 を参照してください。ただし，「見積書」側が空白の場合は「請求書」側も空白になるように条件判断すること。
11	シート「見積書」のセル範囲 A1：G31 を印刷範囲に設定し，余白を上下「3」，ヘッダー「3」，水平方向，垂直方向ともページ中央に設定してください。また，ヘッダーの右に「現在の日付」，フッターの中央に「ページ番号 / ページ数」を設定してください。
12	シート「請求書」のセル範囲 A1：G29 を印刷範囲に設定し，余白を上下「3」，ヘッダー「3」，水平方向，垂直方向ともページ中央に設定してください。また，ヘッダーの右に「現在の日付」，フッターの中央に「ページ番号 / ページ数」を設定してください。
13	ブック全体を印刷してください。
14	シート「見積書」を PDF 形式で保存してください。ファイル名は「六三四フェスタ様」とします。

1 起動・終了

1 スタート，デスクトップ，タスクバー

▶ タッチパネルや
タッチパッドの場合
は，下端から上にス
ワイプする。

▶ ユーザーが複数
いる場合は，ユー
ザー一覧から利用す
るアカウントをク
リックする。

1 電源を入れ起動するとロック画面が
表示される。

2 任意の位置でクリックすると，ログ
イン画面が表示される。

3 ユーザーアカウントを確認し，パス
ワードを入力して ⇥ をクリックする。

4 デスクトップが表示される。
画面下にはタスクバーがあり，左側
に ⊞ (スタートボタン)と検索のボッ
クスが，右側に通知領域(日時や起
動中のアイコンなどの表示)がある。

 アカウントとサインイン

▶ サインインは利
用開始時の操作で，
他にログインなどと
いう場合もある。

▶ OneDrive は
Microsoft 社が提供
するオンラインスト
レージサービスのこ
と。

Windows10 で用いられるユーザーアカウントには次の 2 種類がある。

・Microsoft アカウント

　Microsoft 社が提供するインターネット上のサービスを利用できるもので，同社
サイトで取得登録する必要がある。PC へのサインインと同時にインターネット
上でユーザー認証が行われ，Word や Excel から直接 OneDrive に保存できる。
OneDrive に保存したファイルは，他の PC の Word・Excel や，Web ブラウ
ザーから閲覧・編集ができる。

・ローカルアカウント

　ユーザー名やパスワードなど個人を識別する情報を PC 本体に登録して利用する
もの(Word や Excel では右上に「サインイン」と表示される)。OneDrive に保
存したい場合はその時点で登録済みの Microsoft アカウントでサインインする
必要がある。

---

② アプリケーションの起動

▶ スタートメニューは Window キーで開くこともできる。

1 ■をクリックするとスタートメニューが表示される。
左側にアプリ名が，右側にはアプリを登録したタイルが並んでいる。

▶ 「タイル」は大きな四角いアイコン様のもので，アプリを起動できる。

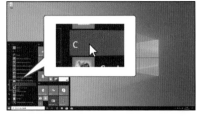
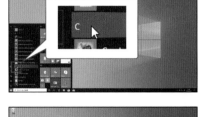

2 アプリ名の頭文字にあたるアルファベットをクリックする（A や C などどれでもよい）。

▶ 起動するアプリを見つけるには，メニューを上下にスクロールしてもよい。

3 頭文字のアルファベット一覧が表示されたら，Word を起動する場合は「W」をクリックする。Excel を起動する場合は「E」をクリックする。

4 「W」の部分にジャンプするので，[Word]をクリックする。
「E」の部分にジャンプしたら[Excel]をクリックする。

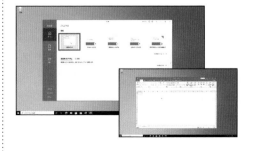

5 Word が起動すると[ホーム]が表示されるので，「白紙の文書」をクリックする。

Excel が起動すると[ホーム]が表示されるので，「空白のブック」をクリックする。

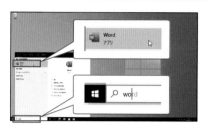

スタートボタン横の検索ボックスにアプリ名などキーワードを入力していくと、1文字ごとに検索が進み、検索結果からアプリを起動することができる。

③ アプリケーションの切り替え

▶ アクティブな（現在使用中の）アプリアイコンには薄い網がかかって表示される。

1️⃣ 起動中のアプリはタスクバーにアイコンが表示される（アイコンに下線）。

2️⃣ アイコンをクリックすることで、アクティブウィンドウを切り替えられる。

④ アプリケーションウィンドウのサイズ

▶ ウィンドウの境界線を適宜ドラッグしてもサイズ調整できる。

1️⃣ ［最大化］をクリックするとフル画面表示になる。

2️⃣ ［元に戻す(縮小)］で最大化する前の大きさに戻る。

3️⃣ ［最小化］でタスクバー上のアイコンに収めて待機する。

⑤ アプリケーションの終了

▶ 複数のファイルを開いている場合は［閉じる］でそれぞれ終了する。

1️⃣ Word・Excelとも、［閉じる］をクリックしてプログラムを終了する。

※［ファイル］－［閉じる］では現在開いているファイルを閉じ、アプリそのものは終了しない。

⑥ Windows の終了

▶ シャットダウンで電源が切れる。スリープは省電力で待機し、素早い再開ができるようにする。

1️⃣ スタートメニューで［電源］をクリックし、［シャットダウン］をクリックする。

画面構成

データ入力後の編集等コマンド操作は，操作対象を選択し，タブでリボンの表示を切り替えてボタンを選ぶ，というもので，Word も Excel も操作性が統一されている。

① Word の画面構成

▶ Word ウィンドウを残したまま文書だけを閉じる場合は, [ファイル]－[閉じる]を利用する。

クイックアクセスツールバー　　タイトルバー　　リボンの表示オプション
タブ　　リボン　　操作アシスト
最小化・元に戻す／最大化　閉じる

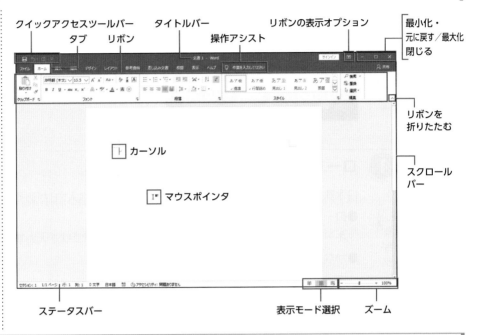

リボンを折りたたむ

カーソル

マウスポインタ

スクロールバー

ステータスバー　　表示モード選択　　ズーム

② Excel の画面構成

▶ Excel ウィンドウを残したままブックだけを閉じる場合は, [ファイル]－[閉じる]を利用する。
▶ ワークシートは 1,048,576 行 × 16,384 列(A ～ XFD)からなる。
▶ ワークシート数は適宜増やすことができる。

クイックアクセスツールバー　　タイトルバー　　リボンの表示オプション
タブ　　リボン　　操作アシスト
最小化・元に戻す／最大化　閉じる

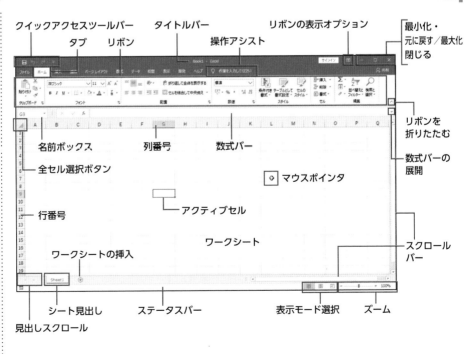

リボンを折りたたむ
数式バーの展開

名前ボックス　　列番号　　数式バー

全セル選択ボタン

マウスポインタ

行番号

アクティブセル

ワークシート

スクロールバー

ワークシートの挿入

シート見出し　　ステータスバー　　表示モード選択　　ズーム

見出しスクロール

付録 2 文字の入力

30H Academic ▷ Word & Excel

1 日本語入力システム IME

ひらがなやカタカナ，漢字などを入力するには，「日本語入力システム」が必要で，Windowsには「IME」が用意されていて，デスクトップの通知領域内(タスクバーの右側)に常駐している。

IMEは入力モードの切り替えなど，日本語入力に関することを管理する。

1 ローマ字入力とかな入力の切り替え

▶ [Alt]＋[カタカナひらがな]で切り替えることもできる。この場合は，確認メッセージが表示される。

日本語を入力する方法には，「ローマ字入力」と「かな入力」がある。

●ローマ字入力

キーに表記されている英字を利用してローマ字つづりで入力する。

●かな入力

キーに表記されているかなに従って入力する。

●入力の切り替えと言語バーの状態

初期設定では，ローマ字入力の状態になっており，かな入力に切り替えるには，**あ**を右クリックして表示される[ローマ字入力／かな入力]をポイントして表示されるリストから選ぶ。

2 入力モード

▶ [半角／全角]で「半角英数」と直前の入力モードとを切り換えられる。

▶ [CapsLock 英数]で，「半角英数」と「ひらがな」を切り替えられる。

キーボードから入力する文字の種類は，「入力モード」によって指定できる。

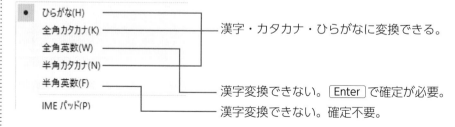

漢字・カタカナ・ひらがなに変換できる。

漢字変換できない。[Enter]で確定が必要。

漢字変換できない。確定不要。

全角・半角と大文字・小文字

> 「全角」はひらがなや漢字1字分の大きさ。「半角」は全角の横半分の大きさ。

「全角」「半角」は，文字の基本的な大きさを表す。

●全角英数・半角英数モードでの「大文字」の入力

初期設定では「小文字」入力の状態になっている（キーボード上の Caps キーロックランプ消灯）。 Shift を押しながら入力すると「大文字」が入力される。

●全角英数・半角英数モードでの「大文字」の入力

Shift + CapsLock 英数 でオンになると「大文字」入力の状態になる（キーボード上のランプ点灯）。 Shift を押しながら入力すると「小文字」が入力される。

数字の入力

> テンキーを数字で利用するときは， NumLock をオンにする。

ローマ字入力の場合はひらがなの入力モードのまま，通常の数字キーで全角数字が入力できる。かな入力では，全角英数モードに切り替える。

IME の初期設定では，テンキーは入力方法によらず，半角数字が入力できる。

2 入力と変換

① 入力の手順とキー操作

> 文字を削除するには，
Delete ：カーソルの右を削除
BackSpace ：カーソルの左を削除
Esc ：入力をキャンセル

> 変換後，確定前に Esc を押すと，読み入力の状態に戻る。

> 変換以外の時， スペース は空白を入力する。

> 確定以外の時， Enter は改行する。

文字を入力する手順は，次のとおりである。

1 入力…ひらがな・英数字・記号などをキー入力する。（文字の下に点線表示）

（例） けんとう

2 変換…（必要に応じて） スペース または 変換 で漢字や記号などに変換する。

（例） 検討

第1候補に変換される。（文字の下に太線表示）

スペース または 変換 で候補一覧が表示される。

スペース または 変換 または ↓ で，欲しい文字の上に反転をあわせる。

1	検討
2	見当
3	健闘
4	拳闘
5	賢答
6	けんとう
7	献灯
8	県東
9	建党

3 確定…Enter で入力した文字や変換した漢字などを確定する。（下線はなくなる）

（例） 健闘

予測候補

> 予測候補はこれまでに入力した文章などから予測される。

（例）

文字を入力して変換する前に，予測候補が表示される。 Tab で一覧から選択して入力できる。

補足 ⁺ 漢字の変換候補一覧

① 数字を入力して漢字を選択できる。

② 使い方を間違いやすい単語に表示され，ポイントすると単語の意味が表示される。

③ 変換候補一覧を複数列で表示する。

> 変換候補を複数列で表示するには，Tab を利用すると便利。

＜複数列表示した場合＞

大賞↵			
1	対…	大詔	対償
2	大賞	大笑	対象
3	大将	矼	退床
4	大正	大昇	たいしょう
5	対…	大証	タイショウ
6	対…	大詔	

・同音異義語が多い場合，変換候補一覧を複数列表示すると探しやすい。

---

② その他の変換

確定した文字を変換しなおしたり，カタカナやアルファベットへの変換，記号の読みによる変換をしてみよう。

●再変換

再変換する箇所にカーソルを移動して，変換 を押す。

> その他よく利用される記号と読みは次のとおり
> ほし：☆★※＊
> やじるし：→←↓↑
> から：〜
> かっこ：() 【】『』など
> たんい：℃‰㎡など
> けいさん：×÷など

（例）

変換候補一覧が表示され，他の漢字を選択できる。

●記号の変換

特定の記号は，「読み」を入力して変換できる。

（例）　ゆうびん　→　〒〠

　　　　でんわ　　→　℡☎

　　　　こめ　　　→　※

　　　　まる　　　→　●○◎①

　　　　しかく　　→　■□◆◇

　　　　さんかく　→　▼▽▲△

●ファンクションキー変換

入力した読みを，F6 〜 F10 を使って文字種を指定して強制的に変換する。
ファンクションキーを何度か繰り返し押すとパターンが変えられる（トグル）。

キー	変換の種類	「ぱそこn」と入力したときの変換例
F6	全角ひらがな	ぱそこん→パそこん→パソこん→パソコん→(戻る)
F7	全角カタカナ	パソコン→パソコん→パソこん→パそこん→
F8	半角カタカナ	ﾊﾟｿｺﾝ→ﾊﾟｿｺん→ﾊﾟｿこん→ﾊﾟそこん→
F9	全角英数字	ｐａｓｏｋｏｎ→ＰＡＳＯＫＯＮ→Ｐａｓｏｋｏｎ→
F10	半角英数字	pasokon→PASOKON→Pasokon→

3 文章を変換

① 文節単位の変換

文節ごとに入力し，スペース または 変換 を押して変換する。

(例)

```
せみなーに
```

1 「せみなーに」と入力し Space で変換。

```
セミナーにしゅっせきする。
```

2 「しゅっせきする。」と入力し変換。「セミナーに」は自動的に確定される。

```
セミナーに出席する。
```

3 「出席する。」と変換されるので，Enter で確定。

② 一括変換

句読点を含めた一文を入力して変換してみよう。

> 変換した時に表示される太い下線を「文節カーソル」といい，現在変換対象となる文節を表す。

(例)

```
きょうはおりたたみがさをもっておでかけください。
```

1 入力し Space で変換。

```
今日は折り畳み傘をもってお出かけください。
```

2 自動的に文節が区切られて変換。

```
今日は折り畳み傘をもってお出かけください。
```

3 Enter で確定。

③ 文節ごとに変換

文章を一括変換したとき，一部の文節で目的の漢字に変換されない場合には，文節カーソルを移動して変換しなおす。

> Word では，入力に誤りの可能性がある文字列やスペルミスの可能性がある英字が自動的にチェックされて，緑色や赤色の波線が表示される（自動文章校正）。

(例)

```
既定の規定では規程が明らかである。
```

1 入力し Space で変換。自動的に文節に区切られて変換。

```
既定の規定では規程が明らかである。
```

2 文節カーソルを → で「規定では」に移動。

```
既定の規定では規程が明らかである。
1 規程では
2 規定では
3 既定では
4 其底では    標準統合辞書
             規程では
             (官公庁・会社の)執務規則
```

3 Space で「規程」に変換しなおす。

```
既定の規程では規定が明らかである。
1 規程が
2 規定が
3 既定が
4 其底が      標準統合辞書
             規程が
             (官公庁・会社の)
```

4 文節カーソルを → で「規程が」に移動し，Space で「規定が」に変換しなおす。

```
既定の規程では規定が明らかである。
```

5 Enter で確定。

④ 文節区切りの変更と変換

文章を一括変換したときに，文節の区切りが適当でないため，目的の漢字に変換されないときがある。この場合は文節の区切りを適切な長さに変更して変換しなおす。

> 文節の区切りの変更は，[Shift] + [→] または [Shift] + [←] を利用する。

(例)

ついに私は知ったの。

1 文章を入力し，[Space] で変換する。

ついに私は知ったの。

2 文節区切りの不適当な部分に文節カーソルを移動する。

ついに<u>わたし</u>は知ったの。

3 ここでは [Shift] + [←] を押して区切りを調整する。

ついに私走ったの。

4 [Space] で変換しなおす。

ついに私走ったの。

5 [Enter] で確定。

---

4 IMEパッドの利用

① IMEパッド

「IME」パッドを利用すると，読めない漢字を検索したり，記号などを検索して入力できる。

あ を右クリックして [IMEパッド] をクリックする。

IME パッド(P)
単語の登録(O)

●手書きアプレット

(例)「杣(そま)」を入力する

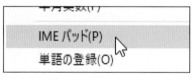

> 手書き中に利用するボタン
> [認識]（青色）：自動認識オン
> [戻す]：1画戻す
> [消去]：手書きをキャンセル

1 マウスを使って「杣」と文字を書くと自動認識され，右側に候補が表示される。

2 一覧から「杣」をクリックすると，文書内に挿入される。

3 [Enter] で確定する。

●総画数アプレット

(例)「凩(こがらし)」を入力する

1 ＜総画数＞で「6画」を選択する。

2 右の一覧から「凩」をクリックすると，文書内に挿入される。

3 [Enter] で確定する。

●部首アプレット

（例）「杦（すぎ）」を入力する

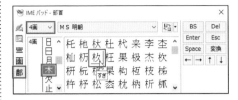

1️⃣ ＜部首画数＞で「4 画」を選択する。

2️⃣ 4 画の部首一覧から「木（きへん）」をクリックする。

3️⃣ 右の一覧から「杦」をクリックすると，文書内に挿入される。

4️⃣ ［Enter］で確定する。

●文字一覧アプレット

（例）「☂」を入力する

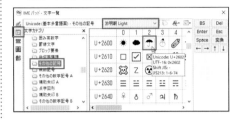

▶ 記号文字はフォントによっては持ち合わせない場合もある。

1️⃣ フォント（游明朝 Light）を選択する。

2️⃣ 左の「文字カテゴリ」で「その他の記号」を選択する。

3️⃣ 右の一覧から「☂」をクリックすると，文書内に挿入される。

4️⃣ ［Enter］で確定する。

補足⁺ 記号と特殊文字

[挿入]タブ[記号と特殊文字]グループで[記号と特殊文字]を利用して入力することもできる。

[記号と特殊文字]をクリックして表示された一覧から選ぶ。「その他の記号」を選ぶと[記号と特殊文字]ダイアログボックスが表示される。

▶ Word の 場 合は，直近に利用された記号から一覧表示される。

▶ Excel の 場 合は，直接[記号と特殊文字]ダイアログボックスが表示される。

（例）「♨」を入力する

※リストから選んでクリックする。

（例）「♨」を入力する

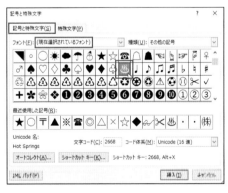

※「フォント」を指定し，一覧から選んでダブルクリックする。

補足⁺ 便利な変換

●住所変換：3 桁 -4 桁で郵便番号を入力すると，［Space］で住所に変換できる（郵便番号によっては変換できないものもある）。

●かお文字：「かお」と入力して［Space］を押すと，さまざまなかお文字に変換できる。

宮城県仙台市青葉区一番町

1	9 8 0 - 0 8 1 1
2	宮城県仙台市青葉区一番町
3	980-0811

① 割合と比率

A，Bの2つの数があるとき，その大小を比べる方法として「割合」（「比率」）を考えることがある。割合を考えるには，AかBどちらかの立場からもう片一方の数をみることになる。例えば，AはBのどれくらいの割合か，を考えるときには，Aが「比べる数」，Bが「もとにする数」となるので，計算式は「A÷B」である。

具体的な数を挙げれば分かりやすい。300円は1000円のどれくらいの割合か，というとき，300円が比べる数，1000円がもとにする数であるから，式は「300÷1000」である。あるいは実績600万円は，目標500万円のどれくらいの割合かでいえば，600万円が比べる数，500万円がもとにする数であるから，「600万÷500万」という式になる。

つまり割合とは，片方の数をもとにしてもう片一方の数を比べることであり，「百分率」で表したときこれを「比率」という。

② よく利用される割合計算

日常的によく目にする割合計算について，確認しておこう。

	A	B	C
1	支店名	売上実績（万円）	構成比
2	渋谷	9,230	37.7%
3	新宿	7,820	31.9%
4	横浜	5,523	22.5%
5	川崎	1,930	7.9%
6	合計	24,503	100.0%

●構成比

全体の中で占める割合のこと。
- ・比べる数：各売上実績
- ・もとにする数：売上実績合計
- ＝ＢＺ／＄Ｂ＄６

	A	B	C	D
1	支店名	売上目標（万円）	売上実績（万円）	目標達成率
2	渋谷	10,500	9,230	87.9%
3	新宿	7,750	7,820	100.9%
4	横浜	5,260	5,523	105.0%
5	川崎	2,370	1,930	81.4%
6	合計	25,880	24,503	94.7%

●達成率

目標値に対する実績の割合のこと。
- ・比べる数：売上実績
- ・もとにする数：売上目標
- ＝Ｃ２／Ｂ２

	A	B	C	D
1	支店名	前年売上（万円）	当年売上（万円）	対前年比
2	渋谷	10,800	9,230	85.5%
3	新宿	7,500	7,820	104.3%
4	横浜	4,800	5,523	115.1%
5	川崎	2,200	1,930	87.7%
6	合計	25,300	24,503	96.8%

●対前年比

前年の数値に対する当年の数値の割合のこと。
- ・比べる数：当年売上
- ・もとにする数：前年売上
- ＝Ｃ２／Ｂ２

	A	B	C	D
1	支店名	前年売上(万円)	当年売上(万円)	伸び率
2	渋谷	10,800	9,230	-14.5%
3	新宿	7,500	7,820	4.3%
4	横浜	4,800	5,523	15.1%
5	川崎	2,200	1,930	-12.3%
6	合計	25,300	24,503	-3.2%

●伸び率

前年と当年の差(伸び)が,前年の数値のどれくらいの割合か。

- ・比べる数:当年売上－前年売上
- ・もとにする数:前年売上

$$=(C2-B2)／B2$$

	A	B	C	D	E
1	商品名	売上高(円)	売上原価(円)	粗利益(円)	粗利益率
2	A	280	225	55	19.6%
3	B	175	140	35	20.0%
4	C	95	40	55	57.9%
5	D	220	140	80	36.4%
6	合計	770	545	225	29.2%

●粗利益率

売上に対する粗利益の割合のこと。粗利益は,売上と原価との差である。

- ・比べる数:粗利益(売上高－売上原価)
- ・もとにする数:売上高

$$=(B2-C2)／B2$$

	A	B	C	D
1	商品名	定価(円)	売価(円)	値引き率
2	A	300	225	25.0%
3	B	180	140	22.2%
4	C	90	50	44.4%
5	D	200	140	30.0%
6	合計	770	555	27.9%

●値引き率

定価に対する値引き額の割合のこと。

- ・比べる数:値引き額(定価－売価)
- ・もとにする数:定価

$$=(B2-C2)／B2$$

付録 4 グラフの基礎知識

30H Academic ▷ Word & Excel

1 グラフの役割

グラフは,収集した数値情報を図式化したもので,表ではつかみきれない全体の傾向や部分的な特徴を,グラフ化することによって視覚的にわかりやすく表現できる。説明しづらい内容を,より説得力のある表現とすることができる。

2 グラフ選びのポイント

グラフを作成するときに大切なことは,何を意図し,何を伝えたいか,ということである。見せたいものを表現できる形(種類)を選択するには,次の3つのポイントを考慮する。

- ●数量 ‥‥‥ 大小や多寡を図形の大きさで目に見えるようにする
- ●推移 ‥‥‥ 時系列での変化を目で追って確認できるようにする
- ●比較 ‥‥‥ 同じ観点で集めた複数のデータの違いを一目で対比する

実際には，数量的な推移をみる，数量を比較する，推移を比較するというように，3つのポイントを複合してグラフの形を決める。このとき，例えば棒グラフや折れ線グラフで時間経過を表すときは左から右へ，成長や伸びは下から上へ，円グラフなどで割合を比較するときは12時の位置から時計回りに，レーダーチャートでは中心からの放射状に距離をとって比較するなど，見る人の常識的な目線の動きを意識するとよい。

③ グラフの種類と用途

▶ 2-D 縦棒，3-D 縦棒グラフがある。
▶ 縦棒グラフのバリエーションとして，円柱・円錐・ピラミッドがある。

グラフにはさまざまな種類があるので，グラフの特性を正しく理解し，用途に合ったグラフを活用することが大切である。

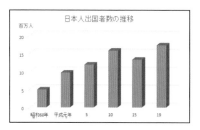

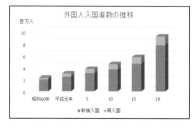

●縦棒グラフ
数量の大小を比較する。複数データ相互を比較することに加えて，時系列の推移を表すことができる。
Excel では次の 3 種類がある。
・集合縦棒──複数の数量の比較
・積み上げ縦棒──全体の数量を「内訳入り」で比較
・100% 積み上げ縦棒──全体の数量を100% の割合にして比較

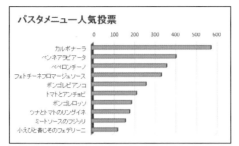

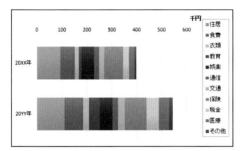

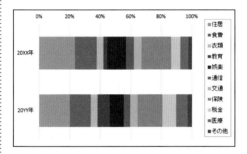

●横棒グラフ

項目間に優劣がなく，多項目にわたって並列的に比較する。時系列を伴わない。Excel では次の 3 種類がある。

・集合横棒──数量の大小を上から順に示す

・積み上げ横棒──数量の大小を上から順に，「内訳入り」で示す

・100% 積み上げ横棒（帯グラフ）──全体の数量を 100% の割合にして比較。年代の変遷や地域差などの表現に適す

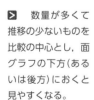

▶ 積み上げ折れ線や 100% 積み上げ折れ線は，単なる積み上げか比較であるのかが区別しにくいので，面グラフで代用したほうがいい場合がある。

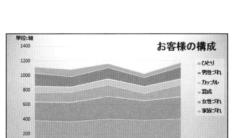

●折れ線グラフ

数量の時系列の推移を表す。データ間のアップダウンの角度によって直観的に変化がわかりやすい。Excel では次の 3 種類がある。

・折れ線──数量の時系列の推移を表す

・積み上げ折れ線

・100% 積み上げ折れ線

▶ 数量が多くて推移の少ないものを比較の中心とし，面グラフの下方（あるいは後方）におくと見やすくなる。

●面グラフ

折れ線グラフに色付けしたもの。色付けすることによって推移とともにデータ相互の数量的なボリュームの比較ができる。Excel では次の 3 種類がある。

・面

・積み上げ面

・100% 積み上げ面

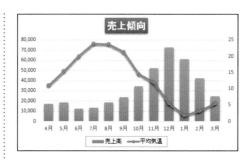

▶ いったん棒グラフや折れ線グラフを作成し，データ系列の一部について，「第2軸(右側の軸)」を利用するように設定し，その系列だけグラフの種類を変える。

●複合グラフ

多くの場合，縦棒グラフと折れ線グラフを併用する。累計と伸び率のように性質の異なるデータや，気温と売上高などのように相互に関係する単位の異なるデータなどを1つにまとめて表す。

▶ いずれかのピースをドラッグで切り離して，強調することもできる。

▶ 補助グラフは，多数を占める値の内訳に用いられる。必ず右側に配置されるので，その他などの内訳を表すときは工夫を要することがある。

●円グラフ

データを百分率に換算して360°の円に置き換え，個々のデータの占める割合を比較する。
Excelでは次の3種類がある。
・円
・分割円
・補助円グラフ付き
・補助縦棒グラフ付き

▶ 円グラフは系列が1つなので推移を表現できないが，二重ドーナツにすると内側と外側で例えば前年と今年の違いを比べることができる。

●ドーナツグラフ

円グラフの真ん中に空間を設けたものだが，100％積み上げ棒グラフを環状にしたもの，ともいえる。円グラフと異なる点は，中央にデータ名や数量の総数を入れることができること，複数の系列でその比較ができることである。

▶ 散点だけでなく点と点を滑らかな線で結んだ平滑線と，点どうしを直接結んで折れ線にしたものとがある。後者は折れ線グラフとの区別がつきにくい場合があるので注意が必要。

●散布図

X，Yの2軸上に点を散在させ，2つのデータの相関関係をみる。
近似曲線を追加して傾向をはっきりさせる場合もある。

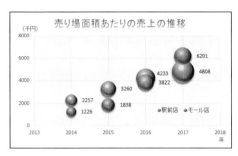

▶ 第3の基準は，第1と第2の基準から計算で導き出す場合(例えば，売上と客数に対しての客単価など)と，そうではなく第3にあまり同調性のない基準を設ける場合とがある。

▶ レーダーチャートでは，似ている項目はできるだけ近くに並べる。1周したときの最後と最初も項目の観点が離れないように工夫するとよい。

●バブルチャート

X，Yの2軸によってデータの推移や比較をするだけでなく，これにバブルの大小で第3の基準を追加したもの。散布図の散点をバブルの大小に置き換えたもの。第3の基準が加わることで状況分析，現状把握が深まる。

●レーダーチャート

複数のデータを同心円上の目盛に配置して，数値だけではわかりづらい傾向を分析し，全体のバランスを一見してわかるようにする。項目数は左右対称になる偶数がのぞましい(6〜8個)。

④ おすすめグラフ

表の内容を分析し，適したグラフの種類をExcelが自動的に判断し，種類や構成要素に悩まずにグラフを作成する<おすすめグラフ>機能がある。

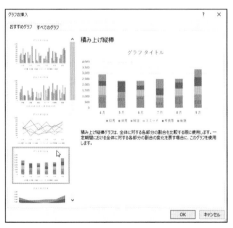

▶ グラフサンプルの下には，何を表現するグラフか解説が表示される。

▶ 作成後のグラフは通常のグラフと同様に編集ができる。

▶ 「すべてのグラフ」タブをクリックすると，Excelで作成可能なすべてのグラフの種類が表示される。

1 グラフのもととなるセル範囲を選択する。

2 [挿入]−[おすすめグラフ]をクリックする。

3 [おすすめグラフ]タブに，選択したデータに適したグラフの候補が選択される。

4 作成したいグラフ(今回は[積み上げ縦棒])をクリックして<OK>ボタンをクリックする。
　作成後，適宜，編集を行う。

1 試験の概要

MOS 試験とは

いまや日常的にも社会的にもパソコンは欠かせない道具で，なかでも最も必要とされるスキルは文書を作成することであり，ビジネスの場面では必然的に数字(金額・数量)の計算などが含まれます。さらにそれら文書は表や図，グラフなどで見るものにとって一目瞭然となる工夫が望ましいです。

ということで，現在，世界的にも広く利用されているのが，「Word」での文書作成であり，「Excel」での表計算とグラフ作成で，Microsoft Office Specialist(MOS) 試験は，これらアプリの利用スキルを認定する世界共通の資格です。この資格を有することは就職活動やキャリアアップにプラス効果をもたらすことでしょう。

試験の概要

▶ 2020 年 9 月現在，365&2019 バージョンで実施されているのは，Word，Excel，PowerPoint の各アソシエイト 3 科目で，他の科目も漸次実施される見込み。

▶ 一般レベル試験について 365 & 2019 では「アソシエイト」，2016 以前では「スペシャリスト」と呼称する。

MOS 試験はすべて Windows マシンを使った実技試験(CBT 試験)で，筆記試験はありません。試験は Word や Excel などのアプリケーションごと，365 & 2019 や 2016 などのバージョンごとに行われます。365&2019 バージョンでの試験科目は次のとおりです。

科目名		試験時間	一般受験料	学割受験料
Word	アソシエイト	50 分	10,780 円(税込)	8,580 円(税込)
Excel				
PowerPoint				
Outlook				
Word	エキスパート		12,980 円(税込)	10,780 円(税込)
Excel				
Access				

試験の結果は受験後すぐにその場で確認でき(試験終了時に合否が画面表示されます)，点数や出題範囲ごとの分析結果が記載された「試験結果レポート」を手渡されます。

後日合格証が郵送されますが，別途，Web 上で画面表示できる「デジタル認定証」もあります。

3 出題範囲

科目ごとにマイクロソフト社が出題範囲を公表しています(本書p.216〜220参照)。

④ 受験の流れ

▶ 学校や会社などで団体受験をする場合は，日程や申し込みなど，別途指示に従う。

1 試験の申し込み

試験会場ごとに試験日程や受験できるバージョン，申し込み方法が異なります。MOS試験を実施しているオデッセイコミュニケーションズのMOS公式サイトで，まずは実施バージョンごとに試験会場を探し，希望する会場に直接申し込みます。
(https://mos.odyssey-com.co.jp/)

▶ 受験者IDとパスワードは制限にあわせて自分で考える。以降複数の科目受験時やデジタル認定証閲覧に利用するので忘れないこと。
▶ 登録途中で名前等のローマ字表記を求められるので，綴りを確認しておくとよい。

2 受験者IDの登録

受験には「受験者ID」が必要なので，事前に登録を済ませておくとよいでしょう。
(https://www.odyssey-com.co.jp/id/)
MOS公式サイトからCertiportが運営・管理するWebサイトへ移動し，氏名や受験者ID，パスワード，住所，メールアドレス等を登録します。

3 試験当日

申し込み時に指定した日時，会場で受験します。
当日は次のものを忘れずに持参しましょう。

> ・受験者IDとパスワード
> ・受験票(会場によっては発行しない場合もある)
> ・身分証明書(写真付)
> ・学生証(学割申し込みの場合)

会場では，受付後，試験官の指示に従います。
試験システムにログイン後，受験科目を選択して試験を開始します。試験時間は50分です。

4 試験結果

試験が終了すると直後に合否判定されます。「試験結果レポート」が手渡されます。

5 合格認定証

受験後4〜6週間程度で「合格認定証」が郵送されてきます。
また，受験当日からすぐに「デジタル認定証」が使用できます。
MOS公式サイトからCertiportの運営・管理するWebサイトにログインして閲覧できます。本人が閲覧を許可すれば第三者に公開することもでき，公的な証明書となります。

2 受験時のポイント

① 試験時の画面 (イメージ)

試験では，上部に受験する「アプリケーションウィンドウ」，下部に問題文等を表示した「試験パネル」の上下 2 画面構成になります。

アプリケーションウィンドウ

試験パネル

提供　株式会社オデッセイ コミュニケーションズ

▶試験パネルの上部に，プロジェクト数と残り時間が表示されます。

▶試験問題は全部でプロジェクト数 5 ～ 10 で，各プロジェクトはタスク数 1 ～ 7 で構成されます。プロジェクトごとに新しいファイルが開くので，それに対して指示されたタスクを操作していきます。

▶各プロジェクトの 1 つ目のタスクにそのプロジェクトでの概要が提示されます。[次のタスク]や[前のタスク]でタスクの表示を切り替えます。

▶ 1 つのプロジェクトの全タスクを終えたら[次のプロジェクト]ボタンで次に進みます。

▶[リセット]ボタンをクリックすると，そのプロジェクトに対して行った操作のすべてが取り消されます。

▶[レビューページ]ボタンをクリックするとプロジェクトとタスクの一覧が表示され，解答操作の時に付けた[解答済みにする] [あとで見直す]のマークを確認できます。タスク番号をクリックすると試験操作の画面に戻ることができます。

② 受験時のポイント

1　試験画面の操作をよく理解すること

試験開始前にチュートリアル画面で注意事項と操作方法が解説されます。思い込みや勘違いのないように1つ1つの注意事項を確認し，操作方法をよく理解します。

2　時間配分と残り時間を意識すること

開始直後にプロジェクトの数を確認して，おおよその時間配分をします。プロジェクトごとのタスク数や時間がかかる操作があること，最後の見直しなどを考慮して，40分程度でひと通り終わるように考慮します。

3　問題文の指示のみ操作すること

試験パネルの各「タスク」に指示されたことだけを操作します。特に指示がない場合は，既定の設定のままでかまいません。指示にない余分な操作をする必要はありません。

4　1つのタスクにこだわらないこと

1つのプロジェクトは同じファイルに対して操作しますが，タスク同士は相互に関連しないので，タスク1から順に解答する必要はありません。

難しい問題に時間をかけてしまうと時間不足になるおそれもあります。

タスクの問題文を読んで時間がかかりそうな場合はあと回しにして，やさしい問題から数多く解答していくようにしましょう。

5　[解答済みにする][あとで見直す]ボタンと[レビューページ]を活用すること

レビューページにはプロジェクトとタスクの一覧が表示され，タスクの横に「解答済みにする」マークと「あとで見直す」マークが表示されます。したがって解答する際には，タスクごとに必ず[解答済みにする]や[あとで見直す]ボタンでチェックしておきましょう。

レビューページでマークのない問題は未解答なので，もう一度戻って解答します。また「あとで見直す」マークの問題は自信がなかったりしたものなので，やはり戻って確認するとよいでしょう。解答できたら[解答済みにする]をチェックし直し，またレビューページに戻りましょう。

6　[リセット]ボタンは慎重にすること

[リセット]ボタンはそのプロジェクトに対して行った操作のすべてが失われます。気軽にリセットしないよう心がけ，問題のやり直しにはアプリケーション内の[元に戻す]などを効果的に使いましょう。

7　入力で注意すること

英文字や数字，記号類は指示のない限り半角入力しましょう。また，問題文に下線がある文字列をクリックするとコピーされるので，貼り付けに利用できます。入力ミスを防ぐためにもできるだけコピー機能を利用しましょう。

MOS Word 365 & 2019 一般レベル（アソシエイト）

1 文書の管理

1.1 文書内を移動する

1.2 文書の書式を設定する

1.3 文書を保存する、共有する

1.4 文書を検査する

2 文字、段落、セクションの挿入と書式設定

2.1 文字列や段落を挿入する

2.2 文字列や段落の書式を設定する

5　グラフィック要素の挿入と書式設定

5.1　図やテキストボックスを挿入する

5.2　図やテキストボックスを書式設定する

5.3　グラフィック要素にテキストを追加する

5.4　グラフィック要素を変更する

6　文書の共同作業の管理

6.1　コメントを追加する、管理する

6.2　変更履歴を管理する

MOS Excel 365 & 2019 一般レベル（アソシエイト）

1 ワークシートやブックの管理

1.1 ブックにデータをインポートする

1.2 ブック内を移動する

1.3 ワークシートやブックの書式を設定する

1.4 オプションと表示をカスタマイズする

1.5 共同作業のためにコンテンツを設定する

2 セルやセル範囲のデータの管理

2.1 シートのデータを操作する

本書の関連データが Web サイトからダウンロードできます。

https://www.jikkyo.co.jp/download/ で

「30 時間アカデミック Word&Excel2019」を検索してください。

提供データ：例題・演習データ

■執筆

杉本くみ子　株式会社バックトレイス

大澤栄子　聖和学園短期大学　准教授

Windows10, Office2019, Word2019, Excel2019 は Microsoft Corporation の，その他，本書に掲載された社名および製品名は各社の商標または登録商標です。

本書は，ＭＯＳ試験で求められる操作を紹介する目的で編集しております。本書での学習がMOS試験の合格を保証するものではないことをあらかじめご承知下さい。

本書に関するお問い合わせに関して

●正誤に関するご質問は，下記いずれかの方法にてお寄せください。
・弊社 Web サイトの「お問い合わせフォーム」へのご入力。
　https://www.jikkyo.co.jp/contact/application.html
・「書名・該当ページ・ご指摘内容・住所・メールアドレス」を明記の上，FAX・郵送等，書面での送付。
　FAX：03-3238-7717
●下記についてあらかじめご承ください。
・正誤以外の本書の記述の範囲を超えるご質問にはお答えいたしかねます。
・お電話によるお問い合わせは，お受けしておりません。
・回答期日のご指定は承っておりません。
●本書は，2020 年 9 月の Word, Excel で編集されています。Microsoft により予告なく仕様変更される場合がございますが，仕様変更に関するお問い合わせには対応は致しかねますので，あらかじめご承ください。

●表紙・本文デザイン──難波邦夫

30 時間アカデミック

Word & Excel 2019

2020 年 10 月 20 日　初版第 1 刷発行
2023 年 2 月 10 日　　　第 3 刷発行

●執筆者　杉本くみ子 / 大澤栄子
●発行者　小田良次
●印刷所　株式会社広済堂ネクスト

無断複写・転載を禁ず

●発行所　実教出版株式会社

〒102-8377
東京都千代田区五番町 5 番地
電話　［営　　業］(03)3238-7765
　　　［企画開発］(03)3238-7751
　　　［総　　務］(03)3238-7700
https://www.jikkyo.co.jp/

ISBN 978-4-407-34834-7　C3004

Printed in Japan

⑧ リアルタイムプレビュー

フォントやサイズ，塗りつぶしなどの書式で，リスト上をマウスでポイントするとその結果が同時に画面に反映される機能で，確定前に結果を確認できるので効率が上がる。

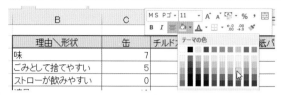

※マウスでポイントすると，リアルタイムに結果が表示される。

⑨ 貼り付けのプレビュー

コピーしたデータを貼り付ける際に，貼り付け後の結果を一時的に画面に表示する機能。確定前に貼り付ける内容を選べるのでやり直しの手間がなくなる。

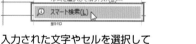

⑩ スマート検索

選択したことばを直接インターネットで検索し，結果を［スマート検索］作業ウィンドウに表示する。

▶ 検索結果をクリックすると，Webブラウザーが起動し，該当ページが表示される。

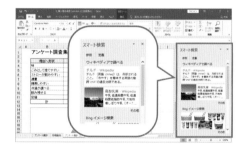

入力された文字やセルを選択して
ショートカットメニューから検索する。

⑪ 操作アシスト

操作したい作業の一部を入力すると，対応するコマンドを検索してくれる。検索結果から直接コマンドの実行に移ることができる。

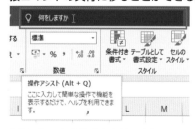

操作アシストの枠内をクリックし，
実行したい作業を入力する。

検索結果から直接コマンドを実行できる。
ヘルプ機能やスマート検索も実行できる。